KB033181

junie b. jones®

주니 B. 존스와
수다스러운 그녀의 입

junie b. jones®

주니 B. 존스와
수다스러운 그녀의 입

by BARBARA PARK

illustrated by
Denise Brunkus

CONTENTS

세상에서 가장 엉뚱하고 재미있는 아이, 주니 B. 존스의 좌충우돌 성장기!

『주니 B. 존스(Junie B. Jones)』 시리즈는 호기심 많은 개구쟁이 소녀 주니 B.가 일상에서 마주하는 다양한 상황을 재치 있게 담고 있습니다. 주니 B.는 언제나 자신의 감정을 솔직하게 표현하며, 재미있는 생각이 떠오르면 주저없이 실행에 옮기는 적극적인 여섯 살 소녀입니다. 이렇게 유쾌하고 재기 발랄한 주니 B. 존스의 성장기는 지금까지 전 세계적으로 6천 5백만 부 이상 판매되며 수많은 독자들에게 사랑받았고, 연극과 뮤지컬로 제작되기도 했습니다.

저자 바바라 파크(Barbara Park)는 첫 등교, 친구 관계, 동생에 대한 고민 등과 같이 일상 속 다양한 상황에서 아이들이 느끼는 감정을 그들의 시선으로 탁월하게 묘사했습니다. 특히 아이들이 영어로 말할 때 저지르기 쉬운 실수도 자연스럽게 녹여 내어, 이야기에 더욱 공감하게 합니다.

이러한 이유로 『주니 B. 존스』 시리즈는 '엄마표 영어'를 진행하는 부모님과 초보 영어 학습자에게 반드시 읽어야 할 영어원서로 자리 잡았습니다. 친근한 어휘와 쉬운 문장으로 쓰여 있어 더욱 몰입하여 읽을 수 있는 『주니 B. 존스』 시리즈는 영어원서가 친숙하지 않은 학습자들에게도 즐거운 원서 읽기 경험을 선사할 것입니다.

퀴즈와 단어장, 그리고 번역까지 담긴 알찬 구성의 워크북!

이 책은 영어원서 『주니 B. 존스』 시리즈에, 탁월한 학습 효과를 거둘 수 있도록 다양한 콘텐츠를 덧붙인 책입니다.

• 영어원서: 본문에 나온 어려운 어휘에 볼드 처리가 되어 있어 단어를 더욱 분명히 인지하며 자연스럽게 암기하게 됩니다.
• 단어장: 원서에 나온 어려운 어휘가 '한영'은 물론 '영영' 의미까지 완벽하게 정리되어 있으며, 반복되는 단어까지 표시하여 자연스럽게 복습이 되도록 구성했습니다.
• 번역: 영어와 비교할 수 있도록 직역에 가까운 번역을 담았습니다. 원서 읽기에 익숙하지 않은 초보 학습자도 어려움 없이 내용을 파악할 수 있습니다.
• 퀴즈: 챕터별로 내용을 확인하는 이해력 점검 퀴즈가 들어 있습니다.

『주니 B. 존스』, 이렇게 읽어 보세요!

● **단어 암기는 이렇게!** 처음 리딩을 시작하기 전, 해당 챕터에 나오는 단어를 눈으로 쭉 훑어봅니다. 모르는 단어는 좀 더 주의 깊게 보되, 손으로 쓰면서 완벽하게 암기할 필요는 없습니다. 본문을 읽으면서 이 단어를 다시 만나게 되는데, 그 과정에서 단어의 쓰임새와 어감을 자연스럽게 익히게 됩니다. 이렇게 책을 읽은 후에, 단어를 다시 한번 복습하세요. 복습할 때는 중요하다고 생각하는 단어들을 손으로 쓰면서 꼼꼼하게 외우는 것도 좋습니다. 이런 방식으로 책을 읽다 보면, 많은 단어를 빠르고 부담 없이 익히게 됩니다.

● **리딩할 때는 리딩에만 집중하자!** 원서를 읽는 중간중간 모르는 단어가 나온다고 워크북을 들춰 보거나, 곧바로 번역을 찾아보는 것은 매우 좋지 않은 습관입니다. 모르는 단어나 이해가 가지 않는 문장이 나온다고 해도 펜으로 가볍게 표시만 해 두고, 전체적인 맥락을 잡아 가며 빠르게 읽어 나가세요. 리딩을 할 때는 속도에 대한 긴장감을 잃지 않으면서 리딩에만 집중하는 것이 좋습니다. 모르는 단어와 문장은, 리딩이 끝난 후에 한꺼번에 정리하는 '리뷰' 시간을 통해 점검합니다. 리뷰를 할 때는 번역은 물론 단어장과 사전도 꼼꼼하게 확인하면서 왜 이해가 되지 않았는지 확인해 봅니다.

● **번역 활용은 이렇게!** 이해가 가지 않는 문장은 번역을 통해서 그 의미를 파악할 수 있습니다. 하지만 한국어와 영어는 정확히 1:1 대응이 되지 않기 때문에 번역을 활용하는 데에도 지혜가 필요합니다. 의역이 된 부분까지 억지로 의미를 대응해서 암기하려고 하기보다, 어떻게 그런 의미가 만들어진 것인지 추측하면서 번역은 참고 자료로 활용하는 것이 좋습니다.

● **2~3번 반복해서 읽자!** 영어 초보자라면 2~3회 반복해서 읽을 것을 추천합니다. 초보자일수록 처음 읽을 때는 생소한 단어와 스토리 때문에 내용 파악에 급급할 수밖에 없습니다. 하지만 일단 내용을 파악한 후에 다시 읽으면 어휘와 문장 구조 등 다른 부분까지 관찰하면서 조금 더 깊이 있게 읽을 수 있고, 그 과정에서 리딩 속도도 빨라지고 리딩 실력을 더 확고하게 다지게 됩니다.

● **'시리즈'로 꾸준히 읽자!** 한 작가의 책을 시리즈로 읽는 것 또한 영어 실력 향상에 큰 도움이 됩니다. 같은 등장인물이 다시 나오기 때문에 내용 파악이 더 수월할 뿐 아니라, 작가가 사용하는 어휘와 표현들도 자연스럽게 반복되기 때문에 탁월한 복습 효과까지 얻을 수 있습니다. 『주니 B. 존스』 시리즈는 현재 3권, 총 18,819단어 분량이 출간되어 있습니다. 시리즈를 꾸준히 읽다 보면 영어 실력도 자연스럽게 향상될 것입니다.

영어원서 본문 구성

내용이 담긴 본문입니다.
원어민이 읽는 일반 원서와 같은 텍스트지만, 암기해야 할 중요 어휘는 볼드체로 표시되어 있습니다. 이 어휘들은 지금 들고 계신 워크북에 챕터별로 정리되어 있습니다.

학습 심리학 연구 결과에 따르면, 한 단어씩 따로 외우는 단어 암기는 거의 효과가 없다고 합니다. 대신 단어를 제대로 외우기 위해서는 문맥(Context) 속에서 단어를 암기해야 하며, 한 단어 당 문맥 속에서 15번 이상 마주칠 때 완벽하게 암기할 수 있다고 합니다.

이 책의 본문은 중요 어휘를 볼드로 강조하여, 문맥 속의 단어들을 더 확실히 인지(Word Cognition in Context)하도록 돕고 있습니다. 또한 대부분의 중요한 단어는 다른 챕터에서도 반복해서 등장하기 때문에 이 책을 읽는 것만으로도 자연스럽게 어휘력을 향상시킬 수 있습니다.

또한 본문에는 내용 이해를 돕기 위해 '각주'가 첨가되어 있습니다. 각주는 굳이 암기할 필요는 없지만, 알아 두면 내용을 더 깊이 있게 이해할 수 있어 원서를 읽는 재미가 배가됩니다.

워크북(Workbook)의 구성

Check Your Reading Speed
해당 챕터의 단어 수가 기록되어 있어, 리딩 속도를 측정할 수 있습니다. 특히 리딩 속도를 중시하는 독자는 유용하게 사용할 수 있습니다.

Build Your Vocabulary
본문에 볼드 표시되어 있는 단어가 정리되어 있습니다. 리딩 전, 후에 반복해서 보면 원서를 더욱 쉽게 읽을 수 있고, 어휘력도 빠르게 향상됩니다.

단어는 〈빈도 - 스펠링 - 발음기호 - 품사 - 한국어 뜻 - 영어 뜻〉 순서로 표기되어 있으며 빈도 표시(★)가 많을수록 필수 어휘입니다. 반복해서 등장하는 단어는 빈도 대신 '복습'으로 표기되어 있습니다. 품사는 아래와 같이 표기했습니다.

n. 명사 | a. 형용사 | ad. 부사 | v. 동사
conj. 접속사 | prep. 전치사 | int. 감탄사 | idiom 숙어 및 관용구

Comprehension Quiz
간단한 퀴즈를 통해 읽은 내용에 대한 이해력을 점검해 볼 수 있습니다.

번역
영문과 비교할 수 있도록 최대한 직역에 가까운 번역을 담았습니다.

이 책의 수준과 타깃 독자

- **미국 원어민 기준:** 유치원 ~ 초등학교 저학년
- **한국 학습자 기준:** 초등학교 저학년 ~ 중학생
- **영어원서 완독 경험이 없는 초보 영어 학습자** (토익 기준 450~750점대)
- **비슷한 수준의 다른 챕터북:** Arthur Chapter Book, Flat Stanley, The Zack Files, Magic Tree House, Marvin Redpost
- **도서 분량:** 약 6,000단어

아이도 어른도 재미있게 읽는 영어원서를
〈롱테일 에디션〉으로 만나 보세요!

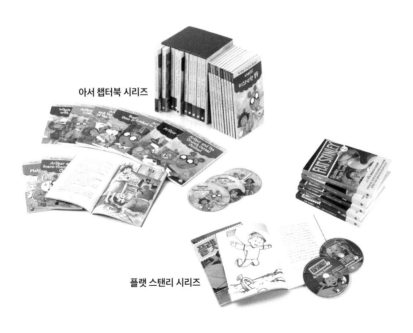

아서 챕터북 시리즈

플랫 스탠리 시리즈

Chapter 1

1. **What did the kids have to do for Job Day?**

   A. Make a list of the best careers

   B. Talk about their parents' careers

   C. Take a test to find out their future job

   D. Wear clothes that matched their chosen job

2. **What was Junie B.'s problem?**

   A. There were too many jobs that she liked.

   B. She had never had a job before.

   C. She did not know what career she wanted.

   D. She was not sure what her parents' careers were.

3. Why was Junie B. punished?

A. She was mean to another kid.

B. She yelled at the teacher.

C. She refused to join Job Day.

D. She forgot to raise her hand.

4. What happened to Junie B. at recess?

A. She was not allowed to go outside.

B. She found candy in the grass.

C. She helped the janitor clean.

D. She argued with her best friends.

5. What did the janitor say?

A. It was important to wash food before eating it.

B. It was bad to eat a lot of sweet food.

C. It was not safe to eat food off the ground.

D. It was not nice to take food that was not yours.

Check Your Reading Speed
1분에 몇 단어를 읽는지 리딩 속도를 측정해 보세요.

$$\frac{870 \text{ words}}{\text{reading time (}\quad\text{) sec}} \times 60 = (\quad\quad) \text{ WPM}$$

Build Your Vocabulary

‡ **punish** [pʌ́niʃ] v. 처벌하다, 벌주다; (형벌·형에) 처하다 (punishment n. 벌, 처벌, 형벌)
Punishment is the act of making someone suffer in some way because they have done something wrong.

stand for idiom 나타내다; 옹호하다
If one or more letters stand for a word or name, they are the first letter or letters of that word or name and they represent it.

‡ **except** [iksépt] conj. ~이지만, ~라는 점만 제외하면; prep. ~ 외에는; v. 제외하다
You can use except to introduce a statement that makes what you have just said seem less true or less possible.

that's all idiom 그게 다이다, 그뿐이다
You can say 'that's all' at the end of a sentence when you say that there is nothing more involved than what you have mentioned.

kindergarten [kíndərgà:rtn] n. 유치원
A kindergarten is a school or class for children aged 4 to 6 years old. It prepares them to go into the first grade.

‡ **rule** [ru:l] n. 규칙, 규정; 지배, 통치; v. 지배하다, 통치하다
Rules are instructions that tell you what you are allowed to do and what you are not allowed to do.

‡ **hall** [hɔ:l] n. (건물 내의) 복도, 통로; (크고 넓은) 방, 홀, 회관
A hall in a building is a long passage with doors into rooms on both sides of it.

butt [bʌt] v. (머리로) 들이받다; n. 엉덩이; 뭉툭한 끝 부분
If a person or animal butts you, they hit you with the top of their head.

⁑ stomach [stʌ́mək] n. 배, 복부, 위(胃)
You can refer to the front part of your body below your waist as your stomach.

⁎ clap [klæp] v. 박수를 치다; (갑자기·재빨리) 놓다; n. 박수; 쿵 하는 소리
When you clap, you hit your hands together to show appreciation or attract attention.

⁑ announce [ənáuns] v. 발표하다, 알리다; 선언하다 (announcement n. 발표)
An announcement is a statement made to the public or to the media which gives information about something that has happened or that will happen.

⁑ attention [əténʃən] n. 주의, 주목; 관심, 흥미; 배려
If you give someone or something your attention, you look at it, listen to it, or think about it carefully.

⁑ career [kəríər] n. 직업; 경력, 이력
A career is the job or profession that someone does for a long period of their life.

⁎ dumb [dʌm] a. 멍청한, 바보 같은; 말을 못 하는
If you say that something is dumb, you think that it is silly and annoying.

squinty [skwínti] a. 눈을 모로 뜨는; 사시의
If you describe someone's eyes as squinty, you mean that their eyes are directed to one side with or as if with doubt, suspicion or envy.

dress up idiom 변장하다; 옷을 갖춰 입다
If you dress up or dress yourself up, you put on different clothes, in order to pretend to be someone or something different.

flunk [flʌŋk] v. 낙제하다, (시험에) 떨어지다
If you flunk an exam or a course, you fail to reach the required standard.

* **hurray** [həréi] int. 만세
People sometimes shout 'Hurray!' when they are very happy and excited about something.

‡ **mean** [miːn] a. 못된, 심술궂은; v. 의미하다, 뜻하다
If someone is being mean, they are being unkind to another person, for example by not allowing them to do something.

* **fist** [fist] n. 주먹
Your hand is referred to as your fist when you have bent your fingers in toward the palm in order to hit someone, to make an angry gesture, or to hold something.

knuckle [nʌkl] n. 손가락 관절; v. 주먹으로 치다
Your knuckles are the rounded pieces of bone that form lumps on your hands where your fingers join your hands, and where your fingers bend.

‡ **bend** [bend] v. (bent-bent) (몸·머리를) 굽히다, 숙이다; 구부리다; n. (도로·강의) 굽은 곳
When you bend, you move the top part of your body downward and forward.

‡ **control** [kəntróul] v. 자제하다; 지배하다; 조정하다; n. 지배; 통제, 제어
If you control yourself, or if you control your feelings, voice, or expression, you make yourself behave calmly even though you are feeling angry, excited, or upset.

fluff [flʌf] v. 부풀리다; n. (동물이나 새의) 솜털; 보풀
If you fluff something, you shake or brush it so that it looks larger and softer.

ruffly [rʌ́fli] a. 주름 장식을 단
Something that is ruffly is decorated with small folds of material.

nanna [nǽnə] n. 할머니; 유모
Some people refer to their grandmother as their nan or nanna.

growly [gráuli] a. 화가 난; 으르렁거리는
If someone is growly, they are bad-tempered or easily annoyed.

knock [nak] v. 치다, 부딪치다; (문 등을) 두드리다; n. 부딪침; 문 두드리는 소리
To knock someone into a particular position or condition means to hit them very hard so that they fall over or become unconscious.

frown [fraun] n. 찡그림, 찌푸림; v. 얼굴을 찡그리다; 눈살을 찌푸리다
A frown is an expression on your face when you move your eyebrows together because you are angry, unhappy, or confused.

kid [kid] v. 농담하다; 속이다
If you are kidding, you are saying something that is not really true, as a joke.

by oneself idiom 혼자; 도움을 받지 않고
If you are by yourselves, or all by yourselves, you are alone.

stare [stɛər] v. 빤히 쳐다보다, 응시하다; n. 빤히 쳐다보기, 응시
If you stare at someone or something, you look at them for a long time.

cover [kʌvər] v. 가리다; 덮다; n. 덮개, 커버
If you cover something, you place something else over it in order to protect it, hide it, or close it.

friendly [fréndli] a. (행동이) 친절한; 우호적인; 사용하기 편한
If someone is friendly, they behave in a pleasant, kind way, and like to be with other people.

right [rait] n. 권리, 권한; a. 옳은, 올바른; 맞는, 정확한; ad. 정확히, 바로, 꼭
If you have a right to do or to have something, you are morally or legally allowed to do it or to have it.

recess [risés] n. (학교의) 쉬는 시간; (의회·위원회 등의) 휴회 기간
A recess is a short period of time during the school day when children can play.

janitor [dʒǽnitər] n. (건물의) 관리인, 잡역부
A janitor is a person whose job is to look after a building.

* **litter** [lítər] n. 쓰레기; 어질러져 있는 것들; v. 흐트러져 어지럽히다; (쓰레기 등을) 버리다
(litter can n. 쓰레기통)
A litter can is a container, usually in a street, park, or public building, into which people can put rubbish.

* **stick** [stik] n. 나뭇가지, 막대기; v. 찌르다; 붙이다, 들러붙다; 집어넣다
A stick is a thin branch which has fallen off a tree.

grumpy [grʌ́mpi] a. 성격이 나쁜
If you say that someone is grumpy, you mean that they are bad-tempered and miserable.

* **blow** [blou] v. (blew-blown) (입으로) 불다; (바람·입김에) 날리다; 폭파하다; n. 강타
If you blow, you send out a stream of air from your mouth.

* **germ** [dʒəːrm] n. 세균, 미생물
A germ is a very small organism that causes disease.

* **spit** [spit] v. (침·음식 등을) 뱉다; n. 침; (침 등을) 뱉기
If you spit liquid or food somewhere, you force a small amount of it out of your mouth.

* **speedy** [spíːdi] a. 빠른, 신속한
A speedy process, event, or action happens or is done very quickly.

jingly [dʒíŋgli] a. 딸랑딸랑 울리는
If you describe something as jingly, you mean that it makes a gentle ringing noise, like small bells.

jangle [dʒæŋgl] v. 쨍그렁거리다; (신경이) 거슬리다; n. 쨍그렁, 땡그랑 (하는 소리)
When objects strike against each other and make an unpleasant ringing noise, you can say that they jangle or are jangled.

* **yell** [jel] v. 고함치다, 소리 지르다; n. 고함, 외침
If you yell, you shout loudly, usually because you are excited, angry, or in pain.

* **scare** [skɛər] v. 겁먹게 하다; 무서워하다; n. 불안(감); 놀람, 공포
If something scares you, it frightens or worries you.

⚟ frighten [fraitn] v. 겁먹게 하다, 놀라게 하다
If something or someone frightens you, they cause you to suddenly feel afraid, anxious, or nervous.

⚟ spot [spat] v. 발견하다, 찾다, 알아채다; n. (특정한) 곳; (작은) 점
If you spot something or someone, you notice them.

⁎ bunch [bʌnʧ] n. (양·수가) 많음; 다발, 송이, 묶음
A bunch of things is a number of things, especially a large number.

run along idiom 저리 가거라, 딴 데 가서 놀아라
If you tell a child to run along, you mean that you want them to go away.

⁎ sigh [sai] n. 한숨; v. 한숨을 쉬다, 한숨짓다; 탄식하듯 말하다
A sigh is a slow breath out that makes a long soft sound, especially because you are disappointed, tired, annoyed, or relaxed.

shoot off one's mouth idiom 지껄이다; 우쭐거리며 말하다
If you shoot off your mouth, you talk about something that you should not talk about or that you know nothing about.

bob [bab] v. (고개를) 까닥거리다; 위아래로 움직이다; n. (머리·몸을) 까닥거림
When you bob your head, you move it quickly up and down once, for example when you greet someone.

⁎ pat [pæt] v. 쓰다듬다, 토닥거리다; n. 쓰다듬기, 토닥거리기
If you pat something or someone, you tap them lightly, usually with your hand held flat.

Chapter
2

1. What did Junie B. think that policemen did?

A. Make people take naps

B. Put people in jail

C. Help people get home

D. Give people rides on motorcycles

2. What did Officer Mike let the class do?

A. Take a photo with him

B. Wear his boots

C. Write speeding tickets

D. Put on his helmet

3. What did the kids do with Dr. Smiley?

A. Practice flossing their teeth

B. Count their baby teeth

C. Check if their breath smelled bad

D. Brush their teeth with new toothbrushes

4. Why did the janitor come to Room Nine?

A. The classroom was messy.

B. Officer Mike could not find his badge.

C. William got floss stuck in his teeth.

D. Junie B. hit Jim in the stomach.

5. What did Junie B. think about being a dentist or police officer?

A. They were the coolest jobs in the world.

B. They were not the right jobs for her.

C. They were not as special as she had thought.

D. They were easier than she had thought.

Check Your Reading Speed

1분에 몇 단어를 읽는지 리딩 속도를 측정해 보세요.

$$\frac{750 \text{ words}}{\text{reading time (\quad) sec}} \times 60 = (\quad) \text{ WPM}$$

Build Your Vocabulary

★ **cop** [kap] n. 경찰관
A cop is a police officer who is a member of the police force.

복습 **recess** [rísés] n. (학교의) 쉬는 시간; (의회·위원회 등의) 휴회 기간
A recess is a short period of time during the school day when children can play.

복습 **clap** [klæp] v. 박수를 치다; (갑자기·재빨리) 놓다; n. 박수; 쿵 하는 소리
When you clap, you hit your hands together to show appreciation or attract attention.

복습 **stomach** [stʌ́mək] n. 배, 복부, 위(胃)
You can refer to the front part of your body below your waist as your stomach.

★ **lip** [lip] n. 입술; 테두리
Your lips are the two outer parts of the edge of your mouth.

복습 **except** [iksépt] conj. ~이지만, ~라는 점만 제외하면; prep. ~ 외에는; v. 제외하다
You can use except to introduce a statement that makes what you have just said seem less true or less possible.

drool [druːl] n. 침; v. 침을 흘리다; (탐이 나서) 군침을 흘리다
Drool is the watery liquid that has come out of your mouth.

wipe [waip] v. (먼지·물기 등을) 닦다; 지우다; n. 닦기
If you wipe dirt or liquid from something, you remove it, for example by using a cloth or your hand.

sleeve [sliːv] n. (옷의) 소매, 소맷자락
The sleeves of a coat, shirt, or other item of clothing are the parts that cover your arms.

knock [nak] n. 문 두드리는 소리; 부딪침; v. (문 등을) 두드리다; 치다, 부딪치다
A knock is the sound of someone hitting a door or window with their hand or with something hard to attract attention.

holler [hálər] v. 소리 지르다, 고함치다; n. 고함, 외침
If you holler, you shout loudly.

shiny [ʃáini] a. 빛나는, 반짝거리는
Shiny things are bright and reflect light.

badge [bædʒ] n. (경찰 등의) 신분증; 표, 배지
A badge is a piece of metal or cloth which you wear to show that you belong to an organization or support a cause.

boot [buːt] n. (pl.) 목이 긴 신발, 부츠
Boots are shoes that cover your whole foot and the lower part of your leg.

motorcycle [móutərsàikl] n. 오토바이
A motorcycle is a vehicle with two wheels and an engine.

officer [ɔ́ːfisər] n. 경찰관; 고급 선원; 장교
Members of the police force can be referred to as officers.

rest [rest] v. 쉬게 하다, 쉬다; 휴식을 취하다; 기대다; n. 나머지; 휴식, 수면
If you rest or if you rest your body, you do not do anything active for a time.

nap [næp] n. 잠깐 잠, 낮잠; v. 잠깐 자다, 낮잠을 자다
If you have a nap, you have a short sleep, usually during the day.

‡ arrest [ərést] v. 체포하다; 막다; n. 체포; 저지, 정지
If the police arrest you, they take charge of you and take you to a police station, because they believe you may have committed a crime.

⁎ jail [dʒeil] n. 교도소, 감옥; v. 수감하다
A jail is a place where criminals are kept in order to punish them, or where people waiting to be tried are kept.

‡ neighbor [néibər] n. 이웃 (사람); 옆자리 사람; v. 이웃하다, 인접하다
Your neighbor is someone who lives near you.

⁎ rotten [ratn] a. 형편없는, 끔찍힌, 썩은, 부패한
If someone is rotten, they are unpleasant, unkind, or dishonest.

jailbird [dʒéilbɔːrd] n. 죄수, 상습범, 전과자
If you refer to someone as a jailbird, you mean that they are in prison, or have been in prison.

‡ hardly [háːrdli] ad. 거의 ~이 아니다; 거의 ~할 수가 없다; ~하자마자
You use hardly to modify a statement when you want to emphasize that it is only a small amount or detail which makes it true, and that therefore it is best to consider the opposite statement as being true.

take off idiom (옷 등을) 벗다, 벗기다; (붙어 있던 것을) 떼어 내다; 이륙하다
If you take something off, you remove it, especially a piece of clothing from your body.

⁎ stuff [stʌf] n. 일, 것, 물건; v. 채워 넣다; 쑤셔 넣다
You can use stuff to refer to things such as a substance, a collection of things, events, or ideas, or the contents of something in a general way without mentioning the thing itself by name.

‡ speed [spiːd] v. 속도위반하다; 빨리 가다; 더 빠르게 하다; n. 속도
Someone who is speeding is driving a vehicle faster than the legal speed limit.

ticket [tíkit] n. (교통 법규 위반에 대한) 딱지; 표, 입장권; v. 표를 발행하다
(speeding ticket n. 속도위반 딱지)
A speeding ticket is an official piece of paper which orders you to pay a fine or to appear in court because you have driven above the speed limit.

handcuff [hǽndkə̀f] n. 수갑; v. 수갑을 채우다
Handcuffs are two metal rings which are joined together and can be locked round someone's wrists, usually by the police during an arrest.

cover [kʌ́vər] v. 가리다; 덮다; n. 덮개, 커버
If you cover something, you place something else over it in order to protect it, hide it, or close it.

entire [intáiər] a. 전체의, 완전한, 온전한
You use entire when you want to emphasize that you are referring to the whole of something, for example, the whole of a place, time, or population.

joke [dʒouk] n. 농담; 웃음거리; v. 농담하다; 농담 삼아 말하다
A joke is something that is said or done to make you laugh, such as a funny story.

giant [dʒáiənt] a. 거대한; 위대한; n. (이야기 속의) 거인
Something that is described as giant is much larger or more important than most others of its kind.

toothbrush [túːθbrʌ̀ʃ] n. 칫솔
A toothbrush is a small brush that you use for cleaning your teeth.

dentist [déntist] n. 치과 의사
A dentist is a person who is qualified to examine and treat people's teeth.

tooth decay [túːθ dikèi] n. 충치
If you have tooth decay, one or more of your teeth has gradually destroyed by a natural process.

brush [brʌʃ] v. 솔질을 하다; (솔이나 손으로) 털다; n. 붓; 솔; 붓질
If you brush something or brush something such as dirt off it, you clean it or tidy it using a brush.

stink [stiŋk] n. 악취; v. (고약한) 냄새가 나다, 악취가 풍기다; 수상쩍다
Stink means a strong unpleasant smell.

wiggle [wigl] v. 꿈틀꿈틀 움직이다; n. 꿈틀꿈틀 움직이기
If you wiggle something or if it wiggles, it moves up and down or from side to side in small quick movements.

spit [spit] v. (침·음식 등을) 뱉다; n. 침; (침 등을) 뱉기
If you spit liquid or food somewhere, you force a small amount of it out of your mouth.

blood [blʌd] n. 피, 혈액
Blood is the red liquid that flows through the bodies of humans and animals.

dental [dentl] a. 이의, 치아의
Dental is used to describe things that relate to teeth or to the care and treatment of teeth.

floss [flɔːs] n. (= dental floss) 치실; v. 치실질을 하다
Dental floss is a type of thread that is used to clean between your teeth.

practice [præktis] v. 연습하다; n. 실행, 실천; 관행, 관례
If you practice something, you keep doing it regularly in order to be able to do it better.

string [striŋ] n. 끈, 줄; 일련; (악기의) 현; v. (실 등에) 꿰다; 묶다, 매달다
String is thin rope made of twisted threads, used for tying things together or tying up packages.

accident [æksidənt] n. 사고, 사건; 우연
If someone has an accident, something unpleasant happens to them that was not intended, sometimes causing injury or death.

wind [waind] ① v. (wound-wound) (실 등을) 감다; (도로·강 등이) 구불구불하다 ② n. 바람; 숨
When you wind something flexible around something else, you wrap it around it several times.

tangle [tæŋgl] v. 헝클어지다, 얽히다; n. (실·머리카락 등이) 엉킨 것; (혼란스럽게) 꼬인 상태
(tangled a. 얽힌)
If something is tangled or tangles, it becomes twisted together in a messy way.

knot [nat] n. 매듭; (긴장·화 등으로) 뻣뻣한 느낌; v. 매듭을 묶다; (근육이) 뻣뻣해지다
If you tie a knot in a piece of string, rope, cloth, or other material, you pass one end or part of it through a loop and pull it tight.

undo [ʌndúː] v. (묶인 것을) 풀다; 원상태로 돌리다
If you undo something that is closed, tied, or held together, you loosen or remove the thing holding it.

janitor [dʒǽnitər] n. (건물의) 관리인, 잡역부
A janitor is a person whose job is to look after a building.

speedy [spíːdi] a. 빠른, 신속한
A speedy process, event, or action happens or is done very quickly.

flashlight [flǽʃlàit] n. 손전등
A flashlight is a small electric light which gets its power from batteries and which you can carry in your hand.

bow [bau] ① n. (고개 숙여 하는) 인사; 절; v. (고개를) 숙이다; (허리를 굽혀) 절하다
② n. 활; 나비매듭 리본
When you give a bow, you briefly bend your head or body forward, especially to show respect for someone or to thank an audience.

dress up idiom 변장하다; 옷을 갖춰 입다
If you dress up or dress yourself up, you put on different clothes, in order to pretend to be someone or something different.

bloody [blʌ́di] a. 피투성이의; 피의
You can describe someone or something as bloody if they are covered in a lot of blood.

roll one's eyes idiom 눈을 굴리다
If you roll your eyes or if your eyes roll, they move round and upward to show you are bored or annoyed.

* **ceiling** [síːliŋ] n. 천장
A ceiling is the horizontal surface that forms the top part or roof inside a room.

^복_습 **hall** [hɔːl] n. (건물 내의) 복도, 통로; (크고 넓은) 방, 홀, 회관
A hall in a building is a long passage with doors into rooms on both sides of it.

* **buzz** [bʌz] v. 부산스럽다, 활기가 넘치다; 윙윙거리다; n. 웅성거림; 윙윙거리는 소리
If a place or group of people is buzzing, there is a lot of noise or activity.

* **giggle** [gígl] n. 피식 웃음, 킥킥거림; v. 피식 웃다, 킥킥거리디
A giggle is a high laugh, especially a nervous or silly one.

bullfighter [búlfàitər] n. 투우사
A bullfighter is the person who tries to injure or kill the bull in a bullfight.

^복_습 **butt** [bʌt] v. (머리로) 들이받다; n. 엉덩이; 뭉툭한 끝 부분
If a person or animal butts you, they hit you with the top of their head.

^복_습 **mean** [miːn] a. 못된, 심술궂은; v. 의미하다, 뜻하다
If someone is being mean, they are being unkind to another person, for example by not allowing them to do something.

Chapter 3

1. **How did Grace make Junie B. feel bad?**

   A. She said that she did not want to skip.

   B. She said that Mickey Mouse was not real.

   C. She said that she wanted to sit alone.

   D. She said that Junie B. was not a great artist.

2. **What did Junie B. think of the other kids' job ideas?**

   A. They might be good jobs for her, too.

   B. They were jobs that anyone could do.

   C. They would be too hard for her.

   D. They could make her very rich.

3. What did Jim say to Junie B.?

A. She was not that brave.

B. She did not have any skills.

C. She should copy someone else.

D. She was picking too many jobs.

4. How did Junie B. NOT describe the job that she wanted?

A. It involved helping people.

B. It involved painting.

C. It involved singing.

D. It involved using keys.

5. Why didn't Junie B. say what her job would be?

A. She was too mad at everyone.

B. She had no idea what the job would be.

C. She planned to keep her idea a secret.

D. No one was listening to her anymore.

1분에 몇 단어를 읽는지 리딩 속도를 측정해 보세요.

$$\frac{667 \text{ words}}{\text{reading time ( ) sec}} \times 60 = (\quad) \text{ WPM}$$

Build Your Vocabulary

★**skip** [skip] v. 깡충깡충 뛰다; (일을) 거르다; 생략하다; n. 깡충깡충 뛰기
If you skip along, you move almost as if you are dancing, with a series of little jumps from one foot to the other.

^복**sigh** [sai] n. 한숨; v. 한숨을 쉬다, 한숨짓다; 탄식하듯 말하다
A sigh is a slow breath out that makes a long soft sound, especially because you are disappointed, tired, annoyed, or relaxed.

‡**silly** [síli] n. 바보; a. 어리석은, 바보 같은; 우스꽝스러운
You can use silly to tell someone, especially a child, that you think their behavior is stupid or annoying.

‡**suit** [suːt] n. (특정한 활동 때 입는) 옷; 정장; 소송; v. ~에게 편리하다; 어울리다
A particular type of suit is a piece of clothing that you wear for a particular activity.

sickish [síkiʃ] a. 토할 것 같은, 메스꺼운
If you feel sickish, you are somewhat ill and about to vomit.

‡**upset** [ʌpsét] a. 속상한, 마음이 상한; v. 속상하게 하다
If you are upset, you are unhappy or disappointed because something unpleasant has happened to you.

★**depress** [diprés] v. 우울하게 하다; (사업·거래 등을) 침체시키다 (depressed a. 우울한)
If you are depressed, you are sad and feel that you cannot enjoy anything, because your situation is so difficult and unpleasant.

scoot over idiom 자리를 좁혀 앉다
To scoot over means to move to one side, especially in order to make room for someone or something else.

dumb [dʌm] a. 멍청한, 바보 같은; 말을 못 하는
If you say that something is dumb, you think that it is silly and annoying.

baton [bætán] n. 지휘봉; (릴레이용) 배턴
A baton is a long stick with a knob on one end that is sometimes carried by a person marching in a parade.

twirl [twəːrl] v. 빙빙 돌리다; 빙글빙글 돌다; n. 회전 (twirler n. 빙빙 돌리는 사람)
A twirler is a person who marches as part of a group while turning a baton or throwing it in the air and then catching it.

cheery [ʧíəri] a. 쾌활한
If you describe a person or their behavior as cheery, you mean that they are cheerful and happy.

prison [prizn] n. 교도소, 감옥
A prison is a building where criminals are kept as punishment or where people accused of a crime are kept before their trial.

guard [gaːrd] n. 경비 요원; 경비대; 경계, 감시; v. 지키다, 보호하다
A guard is someone such as a soldier, police officer, or prison officer who protects a particular place or person.

entire [intáiər] a. 전체의, 완전한, 온전한
You use entire when you want to emphasize that you are referring to the whole of something, for example, the whole of a place, time, or population.

lock [lak] v. (자물쇠로) 잠그다; 고정시키다; n. 잠금장치 (unlock v. 열다)
If you unlock something such as a door, a room, or a container that has a lock, you open it using a key.

by oneself idiom 도움을 받지 않고; 혼자
If you do something by yourselves or all by yourselves, you do it without any help from anybody else.

bashful [bǽʃfəl] a. 수줍음을 타는
Someone who is bashful is shy and easily embarrassed.

holler [hálər] v. 소리 지르다, 고함치다; n. 고함, 외침
If you holler, you shout loudly.

copycat [kápikæt] n. 모방하는 사람, 흉내쟁이; a. (다른 범죄를) 모방한
If you call someone a copycat, you are accusing them of copying your behavior, dress, or ideas.

copy [kápi] v. 따라 하다, 모방하다; 복사하다; n. 복사
If you copy a person or what they do, you try to do what they do or try to be like them, usually because you admire them or what they have done.

growly [gráuli] a. 화가 난; 으르렁거리는
If someone is growly, they are bad-tempered or easily annoyed.

stuff [stʌf] n. 것, 물건, 일; v. 채워 넣다; 쑤셔 넣다
You can use stuff to refer to things such as a substance, a collection of things, events, or ideas, or the contents of something in a general way without mentioning the thing itself by name.

sign [sain] n. 몸짓, 신호; 표지판, 간판; 징후, 조짐; v. 서명하다; 신호를 보내다
A sign is a movement of your arms, hands, or head which is intended to have a particular meaning.

universe [júːnəvə̀ːrs] n. 우주; 은하계; (특정한 유형의) 경험 세계
The universe is the whole of space and all the stars, planets, and other forms of matter and energy in it.

yell [jel] v. 고함치다, 소리 지르다; n. 고함, 외침
If you yell, you shout loudly, usually because you are excited, angry, or in pain.

cross one's arms idiom 팔짱을 끼다
If you cross your arms, legs, or fingers, you put one of them on top of the other.

reddish [rédiʃ] a. 발그레한, 불그스름한
Reddish things are slightly red in color.

hottish [hátiʃ] a. 화끈거리는; 뜨거운 듯한
Something hottish is fairly hot.

stare [stɛər] v. 빤히 쳐다보다, 응시하다; n. 빤히 쳐다보기, 응시
If you stare at someone or something, you look at them for a long time.

Chapter 4

1. **Why did Junie B. need to talk to her mother?**

   A. She lost something important on the bus.

   B. She could not find her brother anywhere.

   C. She needed advice on her situation.

   D. She was excited to share her job idea.

2. **Why couldn't Junie B.'s mother help?**

   A. She had to help Junie B.'s father.

   B. She had to take some medicine.

   C. She had to calm the baby down.

   D. She had to clean up the nursery.

3. How did Junie B. feel about her brother?

A. He was very smart.

B. He was so boring.

C. He was a little lonely.

D. He had too much energy.

4. What made Junie B. happy?

A. She got to sit in the grass.

B. She played with an ant outside.

C. She found a way to fix her problem.

D. She saw her dad come home.

5. What did Junie B.'s dad say when he came home?

A. He could not talk to her yet.

B. He had a big problem, too.

C. He had a bad headache.

D. He needed to work.

Check Your Reading Speed
1분에 몇 단어를 읽는지 리딩 속도를 측정해 보세요.

$$\frac{553 \text{ words}}{\text{reading time (} \qquad \text{) sec}} \times 60 = (\qquad) \text{ wPM}$$

Build Your Vocabulary

복습 **speedy** [spíːdi] a. 빠른, 신속한
A speedy process, event, or action happens or is done very quickly.

★ **accidental** [æksədéntl] a. 우연한, 돌발적인 (accidentally ad. 우연히, 뜻하지 않게)
An accidental event happens by chance or as the result of an accident, and is not deliberately intended.

복습 **shoot off one's mouth** idiom 지껄이다; 우쭐거리며 말하다
If you shoot off your mouth, you talk about something that you should not talk about or that you know nothing about.

복습 **lock** [lak] v. (자물쇠로) 잠그다; 고정시키다; n. 잠금장치 (unlock v. 열다)
If you unlock something such as a door, a room, or a container that has a lock, you open it using a key.

★ **nursery** [nə́ːrsəri] n. 아기방; 탁아소, 유치원
A nursery is a room in a family home in which the young children of the family sleep or play.

★ **rock** [rak] v. (전후·좌우로) 흔들다, 흔들리다; n. 바위; 돌멩이
When something rocks or when you rock it, it moves slowly and regularly backward and forward or from side to side.

fib [fib] n. (사소한) 거짓말; v. (사소한) 거짓말을 하다
A fib is a small, unimportant lie.

growly [gráuli] a. 으르렁거리는; 화가 난
If you make a growly sound, you make a low noise in your throat like a dog or other animal.

upset [ʌpsét] a. 속상한, 마음이 상한; v. 속상하게 하다
If you are upset, you are unhappy or disappointed because something unpleasant has happened to you.

screech [skri:ʧ] v. 꽥 하는 소리를 내다; 끼익 하는 소리를 내다;
n. 꽥 (하는 소리); 끼익 (하는 날카로운 소리)
When you screech something, you shout it in a loud, unpleasant, high-pitched voice.

scratchy [skrǽʧi] a. 긁는 듯한 소리가 나는; (몸에 닿으면) 가려운, 따끔거리는
Scratchy sounds are thin and harsh.

sore [sɔ:r] a. 아픈, 화끈거리는; 화가 난, 감정이 상한
If part of your body is sore, it causes you pain and discomfort.

throat [θrout] n. 목구멍; 목
Your throat is the back of your mouth and the top part of the tubes that go down into your stomach and your lungs.

lap [læp] n. 무릎; v. 할짝할짝 핥다; (물이) 찰랑거리다
If you have something on your lap when you are sitting down, it is on top of your legs that form a flat surface.

rub [rʌb] v. (손·손수건 등을 대고) 문지르다; (두 손 등을) 맞비비다; n. 문지르기, 비비기
If you rub a part of your body, you move your hand or fingers backward and forward over it while pressing firmly.

forehead [fɔ́:rhèd] n. 이마
Your forehead is the area at the front of your head between your eyebrows and your hair.

headache [hédeik] n. 두통
If you have a headache, you have a pain in your head.

settle [setl] v. 진정시키다, 진정되다; (논쟁 등을) 해결하다; 자리를 잡다
If you settle someone, you make them become quiet and calm.

grumpy [grΛmpi] a. 성격이 나쁜
If you say that someone is grumpy, you mean that they are bad-tempered and miserable.

butt in idiom (대화 중에) 불쑥 끼어들다; 참견하다
If you say that someone is butting in, you are criticizing the fact that they are joining in a conversation or activity without being asked to.

take up idiom (시간·공간을) 차지하다
If something takes up a particular amount of time, space, or effort, it uses that amount.

roll [roul] v. 구르다, 굴러가다; 굴리다; n. (둥글게 말아 놓은) 통, 두루마리
If you are lying down and you roll over, you turn your body so that a different part of you is facing upward.

dud [dΛd] n. 쓸모없는 사람, 못 쓰는 것; a. 못 쓰는, 제대로 작동하지 않는
If you describe someone or something as a dud, you mean that they fail to do what they are expected to do or are trying to do.

yard [ja:rd] n. 마당, 뜰; (학교의) 운동장; 정원
A yard is a piece of land next to someone's house, with grass and plants growing in it.

by oneself idiom 혼자; 도움을 받지 않고
If you are by yourselves, or all by yourselves, you are alone.

stick [stik] n. 나뭇가지, 막대기; v. 찌르다; 붙이다, 들러붙다; 집어넣다
A stick is a thin branch which has fallen off a tree.

bite [bait] v. (bit-bitten) 물다; 베어 물다; n. 물기; 한 입
If an animal or person bites you, they use their teeth to hurt or injure you.

driveway [dráivwèi] n. (주택의) 진입로
A driveway is a piece of hard ground that leads from the road to the front of a house or other building.

hurray [həréi] int. 만세
People sometimes shout 'Hurray!' when they are very happy and excited about something.

hug [hʌg] n. 포옹; v. 껴안다, 포옹하다
A hug is the act of holding someone or something close to your body with your arms.

dress up idiom 변장하다; 옷을 갖춰 입다
If you dress up or dress yourself up, you put on different clothes, in order to pretend to be someone or something different.

except [iksépt] conj. ~이지만, ~라는 점만 제외하면; prep. ~ 외에는; v. 제외하다
You can use except to introduce a statement that makes what you have just said seem less true or less possible.

eyebrow [áibràu] n. 눈썹
Your eyebrows are the lines of hair which grow above your eyes.

confuse [kənfjúːz] v. (사람을) 혼란시키다; 혼동하다 (confused a. 혼란스러운)
If you are confused, you do not know exactly what is happening or what to do.

tension [ténʃən] n. 긴장, 불안; 긴장 상태; 갈등; 팽팽함
Tension is a feeling of worry and anxiety which makes it difficult for you to relax.

Chapter
5

1. **Why did Junie B.'s mother need everyone's help?**

   A. Ollie was sick.

   B. Ollie could not fall asleep.

   C. Ollie's favorite toy was gone.

   D. Ollie's pacifier was missing.

2. **Why did Junie B.'s mother get mad at her?**

   A. Junie B. aimed the flashlight at the baby.

   B. Junie B. let the baby play with the flashlight.

   C. Junie B. hid the flashlight in the baby's room.

   D. Junie B. took the flashlight without asking.

3. Where was the pacifier?

A. Under the living room sofa

B. On the floor of Ollie's room

C. Next to Ollie in his bed

D. In Junie B.'s pocket

4. What did Junie B. do with the pacifier?

A. She put it in her mouth.

B. She cleaned it with soap and water.

C. She blew the germs off of it.

D. She threw it away and got a new one.

5. Why was Junie B. celebrating?

A. She was the best big sister.

B. She could do anything as a sister.

C. She finally thought of a job.

D. She completed a difficult job.

Check Your Reading Speed
1분에 몇 단어를 읽는지 리딩 속도를 측정해 보세요.

$$\frac{787 \text{ words}}{\text{reading time (\quad) sec}} \times 60 = (\qquad) \text{ wPM}$$

Build Your Vocabulary

★ **scream** [skri:m] v. 비명을 지르다, 괴성을 지르다; n. 비명, 절규
When someone screams, they make a very loud, high-pitched cry, because they are in pain or are very frightened.

pacifier [pǽsəfàiər] n. (유아용) 고무 젖꼭지; 달래는 사람
A pacifier is a rubber or plastic object that you give to a baby to suck so that they feel comforted.

✲ **suck** [sʌk] v. (입에 넣고) 빨다; 빨아 먹다; (특정한 방향으로) 빨아들이다; n. 빨기, 빨아 먹기
If you suck something, you hold it in your mouth and pull at it with the muscles in your cheeks and tongue, for example in order to get liquid out of it.

sneaker [sníːkər] n. (pl.) 운동화
Sneakers are casual shoes with rubber soles.

복습 **stick** [stik] v. 찌르다; 붙이다, 들러붙다; 집어넣다; n. 나뭇가지, 막대기
(stick out idiom 튀어나오다; 내밀다)
If something is sticking out from a surface or object, it extends up or away from it.

★ **wrinkle** [riŋkl] n. 주름; v. 주름이 생기다 (wrinkly a. 주름이 있는)
A wrinkly surface has a lot of lines or folds on it.

복습 **that's all** idiom 그게 다이다, 그뿐이다
You can say 'that's all' at the end of a sentence when you say that there is nothing more involved than what you have mentioned.

‡ disappear [dìsəpíər] v. 사라지다, 보이지 않게 되다; 없어지다; 실종되다
(disappear into thin air idiom 흔적도 없이 사라지다)
If someone or something disappears into thin air, you can no longer see them suddenly and completely in a mysterious way.

복습 holler [hálər] v. 소리 지르다, 고함치다; n. 고함, 외침
If you holler, you shout loudly.

‡ grip [grip] n. 통제, 지배; 꽉 붙잡음, 움켜쥠; v. 움켜잡다; (마음·흥미·시선을) 끌다
(lose one's grip idiom 통제력을 잃다)
If you lose your grip, you become less efficient, less confident, and less able to deal with things.

＊ couch [kautʃ] n. 소파, 긴 의자
A couch is a long, comfortable seat for two or three people.

복습 stuff [stʌf] n. 것, 물건, 일; v. 채워 넣다; 쑤셔 넣다
You can use stuff to refer to things such as a substance, a collection of things, events, or ideas, or the contents of something in a general way without mentioning the thing itself by name.

복습 flashlight [flǽʃlait] n. 손전등
A flashlight is a small electric light which gets its power from batteries and which you can carry in your hand.

＊ closet [klázit] n. 벽장
A closet is a piece of furniture with doors at the front and shelves inside, which is used for storing things.

‡ basement [béismənt] n. (건물의) 지하층
The basement of a building is a floor built partly or completely below ground level.

‡ shade [ʃeid] n. (창문에 치는) 블라인드; 그늘; (전등의) 갓; v. 그늘지게 하다
A shade is a piece of stiff cloth or heavy paper that you can pull down over a window as a covering.

복습 nap [næp] n. 잠깐 잠, 낮잠; v. 잠깐 자다, 낮잠을 자다
If you have a nap, you have a short sleep, usually during the day.

ceiling [síːliŋ] n. 천장
A ceiling is the horizontal surface that forms the top part or roof inside a room.

jungle [dʒʌŋɡl] n. 밀림 (지대), 정글
A jungle is a forest in a tropical country where large numbers of tall trees and plants grow very close together.

wallpaper [wɔ́ːlpèipər] n. 벽지; (컴퓨터의) 바탕 화면; v. 벽지를 바르다
Wallpaper is thick colored or patterned paper that is used for covering and decorating the walls of rooms.

courtesy [kɔ́ːrtəsi] n. 공손함, 정중함; 호의; a. 무료의, 서비스의
Courtesy is politeness, respect, and consideration for others.

polite [pəláit] a. 예의 바른, 공손한, 정중한; 예의상의
Someone who is polite has good manners and behaves in a way that is socially correct and not rude to other people.

sneak [sniːk] v. 살금살금 가다; 몰래 하다; a. 기습적인
If you sneak somewhere, you go there very quietly on foot, trying to avoid being seen or heard.

gulp [gʌlp] n. 꿀꺽 삼키기; v. 꿀꺽꿀꺽 삼키다; (숨을) 깊이 들이마시다
A gulp means an act of breathing in or of swallowing something.

pump [pʌmp] v. (아래위로 빠르게) 움직이다; (펌프로) 퍼 올리다; (거세게) 솟구치다; n. 펌프
To pump means to move vigorously up and down.

rock [rak] v. (전후·좌우로) 흔들다, 흔들리다; n. 바위; 돌멩이 (rocking chair n. 흔들의자)
A rocking chair is a chair that is built on two curved pieces of wood so that you can rock yourself backward and forward when you are sitting in it.

relieve [rilíːv] v. 안도하게 하다; (불쾌감·고통 등을) 없애 주다; 완화하다 (relief n. 안도, 안심)
If you feel a sense of relief, you feel happy because something unpleasant has not happened or is no longer happening.

thank goodness idiom 정말 다행이다!
You say 'Thank God,' 'Thank goodness,' or 'Thank heavens' when you are very relieved about something.

^복_습 **wipe** [waip] v. (먼지·물기 등을) 닦다; 지우다; n. 닦기
If you wipe dirt or liquid from something, you remove it, for example by using a cloth or your hand.

^복_습 **blow** [blou] v. (blew-blown) (입으로) 불다; (바람·입김에) 날리다; 폭파하다; n. 강타
If you blow, you send out a stream of air from your mouth.

^복_습 **germ** [dʒəːrm] n. 세균, 미생물
A germ is a very small organism that causes disease.

[★]_★ **proud** [praud] a. 자랑스러워하는, 자랑스러운; 오만한, 거만한
If you feel proud, you feel pleased about something good that you possess or have done, or about something good that a person close to you has done.

all of a sudden idiom 갑자기
If something happens all of a sudden, it happens quickly and unexpectedly.

★ **pop** [pap] v. 불쑥 나타나다; 펑 하는 소리가 나다; n. 펑 (하는 소리)
If something pops, it suddenly appears, especially when not expected.

^복_습 **hall** [hɔːl] n. (건물 내의) 복도, 통로; (크고 넓은) 방, 홀, 회관
A hall in a building is a long passage with doors into rooms on both sides of it.

bust [bʌst] v. 부수다; 파열하다; 급습하다; n. 흉상, 반신상
If you bust something, you break it or damage it so badly that it cannot be used.

★ **celebrate** [séləbrèit] v. 기념하다, 축하하다
If you celebrate an occasion or if you celebrate, you do something enjoyable because of a special occasion or to mark someone's success.

^복_습 tension [ténʃən] n. 긴장, 불안; 긴장 상태; 갈등; 팽팽함

Tension is a feeling of worry and anxiety which makes it difficult for you to relax.

^복_습 clap [klæp] v. 박수를 치다; (갑자기·재빨리) 놓다; n. 박수; 쿵 하는 소리

When you clap, you hit your hands together to show appreciation or attract attention.

^복_습 announce [ənáuns] v. 발표하다, 알리다; 선언하다 (announcement n. 발표)

An announcement is a statement made to the public or to the media which gives information about something that has happened or that will happen.

Chapter
6

1. How did Junie B. feel in the morning?

A. She could not wait for Job Day.

B. She was glad Job Day was almost over.

C. She was tired from preparing for Job Day.

D. She worried that everyone would talk about Job Day.

2. What happened when Junie B. saw Mr. Woo?

A. She asked him to drive to school fast.

B. She said that her jacket and pants were old.

C. She did not tell him the name of her job.

D. She showed him how to use her keys.

3. Why was Junie B. disappointed when she talked to Grace?

A. She thought that Grace looked weird.

B. She had wanted to see a Mickey Mouse costume.

C. She did not think that Grace looked like Minnie.

D. She realized that Minnie was not real as well.

4. What did William do on the bus?

A. He wrote an S on his outfit.

B. He pretended to save someone.

C. He tried to fly but could not.

D. He jumped up and down on his seat.

5. What was true about Jim's clothing?

A. It was the same thing that he wore every day.

B. It did not clearly show what his job was.

C. It was too big for his body.

D. It had a lot of colors and patterns.

Check Your Reading Speed
1분에 몇 단어를 읽는지 리딩 속도를 측정해 보세요.

$$\frac{400 \text{ words}}{\text{reading time (} \quad \text{) sec}} \times 60 = (\quad) \text{ WPM}$$

Build Your Vocabulary

tingle [tiŋgl] v. (어떤 감정이) 마구 일다; 따끔거리다, 얼얼하다; n. 흥분; 따끔거림, 얼얼함
If you tingle with a feeling such as excitement, you feel it very strongly.

^{복습}**settle** [setl] v. 진정되다, 진정시키다; (논쟁 등을) 해결하다; 자리를 잡다
(settle down idiom 진정하다)
If a situation or a person that has been going through a lot of problems or changes settles down, they become calm.

zoom [zuːm] v. 쌩하고 가다; 급등하다; n. (빠르게) 쌩하고 지나가는 소리
If you zoom somewhere, you go there very quickly.

dangle [dæŋgl] v. 매달리다, (무엇을 들고) 달랑거리다
If something dangles from somewhere or if you dangle it somewhere, it hangs or swings loosely.

^{복습}**brush** [brʌʃ] n. 붓; 솔; 붓질; v. (솔이나 손으로) 털다; 솔질을 하다
(paintbrush n. 그림 그리는 붓)
A paintbrush is a brush that you use for painting.

^{복습}**except** [iksépt] conj. ~이지만, ~라는 점만 제외하면; prep. ~ 외에는; v. 제외하다
You can use except to introduce a statement that makes what you have just said seem less true or less possible.

plop [plap] v. 털썩 주저앉다, 주저앉히다; 떨어뜨리다; 퐁당 하고 떨어지다; n. 퐁당 (하는 소리)
If someone plops or you plop them, they sit down or land heavily or without taking care.

polka dot [póulkə dat] n. (옷의) 물방울무늬 (dotty a. 점이 있는)
Polka dots are a large number of small, round spots that are printed in a regular pattern on cloth.

＊instead [instéd] ad. 대신에
If you do one thing instead of another, you do the first thing and not the second thing, as the result of a choice or a change of behavior.

복습 stomach [stʌ́mək] n. 배, 복부, 위(胃)
You can refer to the front part of your body below your waist as your stomach.

복습 sickish [síkiʃ] a. 토할 것 같은, 메스꺼운
If you feel sickish, you are somewhat ill and about to vomit.

＊fake [feik] n. 가짜, 모조품; a. 모조의; 가짜의, 거짓된; v. ~인 척하다
A fake is an object such as a work of art, a coin, or a piece of jewelry that is not genuine but has been made to look as if it is.

복습 fib [fib] n. (사소한) 거짓말; v. (사소한) 거짓말을 하다
A fib is a small, unimportant lie.

＊outfit [áutfit] n. 한 벌의 옷, 복장; 장비; v. (복장·장비를) 갖추어 주다
An outfit is a set of clothes.

복습 stand for idiom 나타내다; 옹호하다
If one or more letters stand for a word or name, they are the first letter or letters of that word or name and they represent it.

＊grin [grin] v. 활짝 웃다; n. 활짝 웃음
When you grin, you smile broadly.

복습 handcuff [hǽndkʌ̀f] n. 수갑; v. 수갑을 채우다
Handcuffs are two metal rings which are joined together and can be locked round someone's wrists, usually by the police during an arrest.

* apron [éiprən] n. 앞치마
An apron is a piece of clothing that you put on over the front of your normal clothes and tie round your waist, especially when you are cooking, in order to prevent your clothes from getting dirty.

watercolor [wɔ́:tərkʌlər] n. (pl.) 수채화 그림물감
Watercolors are a type of paint that is mixed with water for painting pictures.

mean [mi:n] a. 못된, 심술궂은; v. 의미하다, 뜻하다
If someone is being mean, they are being unkind to another person, for example by not allowing them to do something.

bathrobe [bǽθròub] n. 목욕 가운
A bathrobe is a loose piece of clothing made of the same material as towels. You wear it before or after you have a bath or a swim.

friendly [fréndli] a. (행동이) 친절한; 우호적인; 사용하기 편한
If someone is friendly, they behave in a pleasant, kind way, and like to be with other people.

dummy [dʌ́mi] n. 멍청이, 바보; 인체 모형; 꼭두각시, 모조 인형; a. 모조의, 가짜의
If you call a person a dummy, you mean that they are stupid or foolish.

bathtub [bǽθtʌb] n. 욕조
A bathtub is a long, usually rectangular container which you fill with water and sit in to wash your body.

joke [dʒouk] n. 농담; 웃음거리; v. 농담하다; 농담 삼아 말하다
A joke is something that is said or done to make you laugh, such as a funny story.

Chapter

7

1. **Why did Lucille want to be a princess?**

   A. So that she would not have to go to school

   B. So that she would live a comfortable life

   C. So that she could help people

   D. So that she could make all the rules

2. **What did Ricardo think was interesting about his job?**

   A. Lots of dangerous tools were used.

   B. Hard hats made the workers look cool.

   C. Many things could fall on someone's head.

   D. Buildings could be built anywhere.

3. **How did the kids react when Junie B. introduced her job?**

    A. They made fun of her.

    B. They clapped loudly.

    C. They pretended to be impressed.

    D. They asked what a janitor was.

4. **How did Mrs. describe janitors?**

    A. They were kind but tough.

    B. They were trustworthy but lazy.

    C. They were important and made a lot of money.

    D. They were responsible and worked hard.

5. **What did Junie B. say about girls?**

    A. They were smarter than boys.

    B. They could do any job.

    C. They did not need janitors.

    D. They never got into trouble.

Check Your Reading Speed
1분에 몇 단어를 읽는지 리딩 속도를 측정해 보세요.

$$\frac{1{,}120 \text{ words}}{\text{reading time (\qquad) sec}} \times 60 = (\qquad) \text{ WPM}$$

Build Your Vocabulary

^{복습}**zoom** [zuːm] v. 쌩하고 가다; 급등하다; n. (빠르게) 쌩하고 지나가는 소리
If you zoom somewhere, you go there very quickly.

★ **attendance** [əténdəns] n. 출석, 참석 (take attendance idiom 출석을 확인하다)
If you take attendance, you check who is present and who is not present at a place and mark this information on a list of names.

★ **pledge** [pledʒ] v. 맹세하다, 서약하다; n. 맹세, 서약
When someone pledges something, they promise to give it in a serious way.

★ **allegiance** [əlíːdʒəns] n. (국가·정당·종교 등에 대한) 충성
Your allegiance is your support for and loyalty to a particular group, person, or belief.

☀ **flag** [flæg] n. 기, 깃발; v. 표시를 하다; 지치다
A flag is a piece of cloth which can be attached to a pole and which is used as a sign, signal, or symbol of something, especially of a particular country.

☀ **republic** [ripʌ́blik] n. 공화국
A republic is a country where power is held by the people or the representatives that they elect.

^{복습}**stand for** idiom 나타내다; 옹호하다
The ideas or attitudes that someone or something stands for are the ones that they support or represent.

^복_습 dumb [dʌm] a. 멍청한, 바보 같은; 말을 못 하는
If you say that something is dumb, you think that it is silly and annoying.

^복_습 clap [klæp] v. 박수를 치다; (갑자기·재빨리) 놓다; n. 박수; 쿵 하는 소리
When you clap, you hit your hands together to show appreciation or attract attention.

^복_습 outfit [áutfit] n. 한 벌의 옷, 복장; 장비; v. (복장·장비를) 갖추어 주다
An outfit is a set of clothes.

^복_습 yell [jel] v. 고함치다, 소리 지르다; n. 고함, 외침
If you yell, you shout loudly, usually because you are excited, angry, or in pain.

^복_습 polite [pəláit] a. 예의 바른, 공손한, 정중한; 예의상의
Someone who is polite has good manners and behaves in a way that is socially correct and not rude to other people.

^복_습 nanna [nǽnə] n. 할머니; 유모
Some people refer to their grandmother as their nan or nanna.

^복_습 shiny [ʃáini] a. 빛나는, 반짝거리는
Shiny things are bright and reflect light.

^복_습 bow [bou] ① n. 나비매듭 리본; 활
② n. (고개 숙여 하는) 인사; 절; v. (고개를) 숙이다; (허리를 굽혀) 절하다
A bow is a knot with two loops and two loose ends that is used in tying shoelaces and ribbons.

[★]_★ load [loud] v. 가득 안겨 주다; (짐·사람 등을) 싣다; n. (많은 양의) 짐 (loaded a. 돈이 많은)
If someone is loaded, they are very rich.

[★]_★ reach [riːʃ] v. (손·팔을) 뻗다; ~에 이르다; n. (닿을 수 있는) 거리; 범위
If you reach somewhere, you move your arm and hand to take or touch something.

_★ sparkle [spaːrkl] v. 반짝이다; 생기 넘치다; n. 반짝거림, 광채
If something sparkles, it is clear and bright and shines with a lot of very small points of light.

‡ **crown** [kraun] n. 왕관; 왕권; v. 왕관을 씌우다, 왕위에 앉히다
A crown is a circular ornament, usually made of gold and jewels, which a king or queen wears on their head at official ceremonies.

‡ **jewel** [dʒuːəl] n. 보석; 귀중품
A jewel is a precious stone used to decorate valuable things that you wear, such as rings or necklaces.

fairy tale [féəri tèil] n. 동화
A fairy tale is a story for children involving magical events and imaginary creatures.

‡ **lovely** [lʌ́vli] a. 훌륭한, 멋진; 사랑스러운
If you describe something as lovely, you mean that it gives you pleasure.

be set for life idiom 돈이 엄청 많다
Someone who is set for life has so much money that they never need to work again.

lacy [léisi] a. 레이스의, 레이스 같은
Lacy things are made from lace or have pieces of lace attached to them.

‡ **tax** [tæks] n. 세금; v. 세금을 부과하다, 과세하다
Tax is an amount of money that you have to pay to the government so that it can pay for public services.

∗ **bang** [bæŋ] v. 쾅 하고 치다; 쾅 하고 닫다; 쿵 하고 찧다; n. 쾅 (하는 소리)
If you bang on something or if you bang it, you hit it hard, making a loud noise.

‡ **hammer** [hǽmər] n. 망치; v. 망치로 치다; 쿵쿵 치다
A hammer is a tool with a handle and a heavy metal head, used for breaking things or hitting nails.

∗ **construction** [kənstrʌ́kʃən] n. 건설, 공사; 건축물
Construction is the building of things such as houses, factories, roads, and bridges.

stuff [stʌf] n. 것, 물건, 일; v. 채워 넣다; 쑤셔 넣다
You can use stuff to refer to things such as a substance, a collection of things, events, or ideas, or the contents of something in a general way without mentioning the thing itself by name.

electric [iléktrik] a. 전기의; 전기를 이용하는
An electric device or machine works by means of electricity, rather than using some other source of power.

drill [dril] n. 드릴; 반복 연습; v. (드릴로) 구멍을 뚫다; 훈련시키다
A drill is a tool or machine that you use for making holes.

bashful [bǽʃfəl] a. 수줍음을 타는
Someone who is bashful is shy and easily embarrassed.

cover [kʌ́vər] v. 가리다; 덮다; n. 덮개, 커버
If you cover something, you place something else over it in order to protect it, hide it, or close it.

cape [keip] n. 망토
A cape is a loose outer piece of clothing that has no sleeves, fastens at the neck, and hangs from the shoulders, like a cloak but shorter.

tangle [tǽŋgl] v. 헝클어지다, 얽히다; n. (실·머리카락 등이) 엉킨 것; (혼란스럽게) 꼬인 상태
If something is tangled or tangles, it becomes twisted together in a messy way.

crash [kræʃ] v. 부딪치다; 충돌하다; 굉음을 내다; n. 요란한 소리; (자동차·항공기) 사고
If something crashes somewhere, it moves and hits something else violently, making a loud noise.

sniffle [snifl] v. (계속) 훌쩍거리다; n. 훌쩍거림; 훌쩍거리는 소리
If you sniffle, you keep breathing in noisily through your nose, for example because you are crying or you have a cold.

astronaut [ǽstrənɔ̀ːt] n. 우주 비행사
An astronaut is a person who is trained for traveling in a spacecraft.

‡ direct [dirékt] v. (영화를) 감독하다; (길을) 안내하다; 명령하다; a. 직접적인; 정확한
When someone directs a film, play, or television program, they are responsible for the way in which it is performed and for telling the actors and assistants what to do.

‡ fire [fáiər] v. 해고하다; 발사하다; (엔진이) 점화되다; n. 화재, 불
If an employer fires you, they remove you from your job.

‡ president [prézədənt] n. 대통령; 회장
The president of a country that has no king or queen is the person who is the head of state of that country.

⁂ speedy [spíːdi] a. 빠른, 신속한
A speedy process, event, or action happens or is done very quickly.

⁂ janitor [dʒǽnitər] n. (건물의) 관리인, 잡역부
A janitor is a person whose job is to look after a building.

⁂ holler [hálər] v. 소리 지르다, 고함치다; n. 고함, 외침
If you holler, you shout loudly.

jingle [dʒiŋgl] v. 딸랑거리다; n. 딸랑, 짤랑 (하는 소리)
When something jingles or when you jingle it, it makes a gentle ringing noise, like small bells.

jangly [dʒǽŋgli] a. 쨍그렁거리는, 땡그랑 울리는
If you describe something as jangly, you mean that it makes a ringing sound, like metal hitting metal.

‡ wave [weiv] v. (손·팔을) 흔들다; 손짓하다; 흔들리다; n. (팔·손·몸을) 흔들기; 파도, 물결
If you wave something, you hold it up and move it rapidly from side to side.

⁂ brush [brʌʃ] n. 붓; 솔; 붓질; v. (솔이나 손으로) 털다; 솔질을 하다
(paintbrush n. 그림 그리는 붓)
A paintbrush is a brush that you use for painting.

mean [mi:n] a. 못된, 심술궂은; v. 의미하다, 뜻하다
If someone is being mean, they are being unkind to another person, for example by not allowing them to do something.

crumble [krʌmbl] v. (힘·조직 등이) 흔들리다, 무너지다; 바스러지다; (건물·땅이) 허물어지다
If something such as a system, relationship, or hope crumbles, it begins to fail or gets weaker or to comes to an end.

courtesy [kə́:rtəsi] n. 공손함, 정중함; 호의; a. 무료의, 서비스의
Courtesy is politeness, respect, and consideration for others.

scold [skould] v. 야단치다, 꾸짖다
If you scold someone, you speak angrily to them because they have done something wrong.

hardworking [há:rdwə:rkiŋ] a. 근면한, 부지런히 일하는
If you describe someone as hardworking, you mean that they work very hard.

reliable [riláiəbl] a. 믿을 수 있는, 신뢰할 수 있는; 믿을 만한
People or things that are reliable can be trusted to work well or to behave in the way that you want them to.

trustworthy [trʌ́stwə:rði] a. 믿을 수 있는, 신뢰할 수 있는
A trustworthy person is reliable, responsible, and can be trusted completely.

peek [pi:k] v. (재빨리) 훔쳐보다; 살짝 보이다; n. 엿보기
If you peek at something or someone, you have a quick look at them, often secretly.

stamp [stæmp] v. (발을) 구르다; (도장·스탬프 등을) 찍다; n. (발을) 쿵쾅거리기; 도장
If you stamp or stamp your foot, you lift your foot and put it down very hard on the ground, for example because you are angry.

spit [spit] v. (침·음식 등을) 뱉다; n. 침; (침 등을) 뱉기
If you spit liquid or food somewhere, you force a small amount of it out of your mouth.

flashlight [flǽʃlait] n. 손전등
A flashlight is a small electric light which gets its power from batteries and which you can carry in your hand.

dental [dentl] a. 이의, 치아의
Dental is used to describe things that relate to teeth or to the care and treatment of teeth.

floss [flɔːs] n. (= dental floss) 치실; v. 치실질을 하다
Dental floss is a type of thread that is used to clean between your teeth.

lock [lak] v. (자물쇠로) 잠그다, 고정시키다; n. 짐금장치 (unlock v. 열다)
If you unlock something such as a door, a room, or a container that has a lock, you open it using a key.

toilet [tɔ́ilit] n. 화장실; 변기
A toilet is a room in a house or public building that contains a structure like a seat over a hole where you get rid of waste from your body.

litter [lítər] n. 쓰레기; 어질러져 있는 것들; v. 흐트러져 어지럽히다; (쓰레기 등을) 버리다 (litter can n. 쓰레기통)
A litter can is a container, usually in a street, park, or public building, into which people can put rubbish.

Chapter
8

1. What did Gus Vallony do during Show and Tell?

A. He fixed things in the classroom.

B. He learned all the kids' names.

C. He had the kids name each tool.

D. He let the kids keep his tools.

2. Why didn't Junie B. use the mop?

A. It was taken away.

B. It was too heavy.

C. She did not know how to use it.

D. She was more interested in something else.

3. What was true about Gus?

A. His favorite food was sandwiches.

B. He had a big family.

C. He had been a janitor for many years.

D. He used to be a student at the school.

4. What did Junie B. say about Gus?

A. He helped her all the time.

B. He had a nickname for her.

C. He liked to tell jokes.

D. He knew everything about the school.

5. What happened when Junie B. mentioned her big fat mouth?

A. No one thought that it was true.

B. Everyone got embarrassed.

C. Everyone felt bad for her.

D. Everyone thought that it was funny.

Check Your Reading Speed

1분에 몇 단어를 읽는지 리딩 속도를 측정해 보세요.

$$\frac{384 \text{ words}}{\text{reading time ( ) sec}} \times 60 = (\qquad) \text{ WPM}$$

Build Your Vocabulary

^{복습} **janitor** [dʒǽnitər] n. (건물의) 관리인, 잡역부
A janitor is a person whose job is to look after a building.

✻ **tool** [tuːl] n. 도구, 연장; 수단 (toolbox n. 연장 통, 공구 통)
A toolbox is a metal or plastic box which contains general tools that you need at home, for example, to do repairs in your house or car.

⋆ **saw** [sɔː] n. 톱; v. 톱질하다, 톱으로 자르다
A saw is a tool for cutting wood, which has a blade with sharp teeth along one edge.

^{복습} **hammer** [hǽmər] n. 망치; v. 망치로 치다; 쿵쿵 치다
A hammer is a tool with a handle and a heavy metal head, used for breaking things or hitting nails.

⋆ **metric** [métrik] a. 미터법에 따라 만들어진; 미터법의
If you describe something as metric, you mean that it is using or relating to a system of measurement that uses meters, centimeters, and liters.

adjustable [ədʒʌ́stəbl] a. 조절 가능한
If something is adjustable, it can be changed to different positions or sizes.

^{복습} **stuff** [stʌf] n. 것, 물건, 일; v. 채워 넣다; 쑤셔 넣다
You can use stuff to refer to things such as a substance, a collection of things, events, or ideas, or the contents of something in a general way without mentioning the thing itself by name.

giant [dʒáiənt] a. 거대한; 위대한; n. (이야기 속의) 거인
Something that is described as giant is much larger or more important than most others of its kind.

flashlight [flǽʃlait] n. 손전등
A flashlight is a small electric light which gets its power from batteries and which you can carry in your hand.

★ **broom** [bru:m] n. 비, 빗자루
A broom is a kind of brush with a long handle. You use a broom for sweeping the floor.

chalkboard [ʧɔ́:kbɔ̀:rd] n. 칠판
A chalkboard is a dark-colored board that you can write on with chalk. Chalkboards are often used by teachers in the classroom.

squishy [skwíʃi] a. 질척질척한, 질퍽한
If something is squishy, it is soft and wet when it is pressed.

except [iksépt] conj. ~이지만, ~라는 점만 제외하면; prep. ~ 외에는; v. 제외하다
You can use except to introduce a statement that makes what you have just said seem less true or less possible.

mop [map] n. 대걸레; v. 대걸레로 닦다; (액체를) 닦아 내다
A mop is a piece of equipment for washing floors. It consists of a sponge or many pieces of string attached to a long handle.

let go of idiom ~을 놓다; ~에서 손을 놓다
If you let go of someone or something, you stop holding them.

★ **pinch** [pinʧ] v. 꼬집다; 너무 꽉 끼다; n. 꼬집기
If you pinch a part of someone's body, you take a piece of their skin between your thumb and first finger and give it a short squeeze.

✱ **remove** [rimú:v] v. 치우다, 내보내다; (옷 등을) 벗다; 없애다, 제거하다
If you remove something from a place, you take it away.

★ **snatch** [snætʃ] v. 잡아채다, 와락 붙잡다; 간신히 얻다; n. 잡아 뺏음, 강탈; 조각
If you snatch something or snatch at something, you take it or pull it away quickly.

복습 **holler** [hálər] v. 소리 지르다, 고함치다; n. 고함, 외침
If you holler, you shout loudly.

복습 **proud** [praud] a. 자랑스러워하는, 자랑스러운; 오만한, 거만한
If you feel proud, you feel pleased about something good that you possess or have done, or about something good that a person close to you has done.

★ **nickname** [níknèim] n. 별명; v. 별명을 붙이다
A nickname is an informal name for someone or something.

★ **wink** [wiŋk] v. 윙크하다; (빛이) 깜박거리다; n. 윙크
When you wink at someone, you look toward them and close one eye very briefly, usually as a signal that something is a joke or a secret.

★ **whisper** [hwíspər] v. 속삭이다, 소곤거리다; n. 속삭임, 소곤거리는 소리
When you whisper, you say something very quietly, using your breath rather than your throat, so that only one person can hear you.

복습 **dumb** [dʌm] a. 멍청한, 바보 같은; 말을 못 하는
If you call a person dumb, you mean that they are stupid or foolish.

✳ **embarrass** [imbǽrəs] v. 당황스럽게 하다, 어색하게 하다; 곤란하게 하다
(embarrassed a. 당황스러운, 어색한)
A person who is embarrassed feels shy, ashamed, or guilty about something.

복습 **clap** [klæp] v. 박수를 치다; (갑자기·재빨리) 놓다; n. 박수; 쿵 하는 소리
When you clap, you hit your hands together to show appreciation or attract attention.

복습 **jingly** [dʒíŋgli] a. 딸랑딸랑 울리는
If you describe something as jingly, you mean that it makes a gentle ringing noise, like small bells.

jangle [dʒæŋgl] v. 쨍그렁거리다; (신경이) 거슬리다; n. 쨍그렁, 땡그랑 (하는 소리)
When objects strike against each other and make an unpleasant ringing noise, you can say that they jangle or are jangled.

1장 벌

내 이름은 주니 B. 존스(Junie B. Jones)입니다. B는 비어트리스(Beatrice)를 나타냅니다. 하지만 나는 비어트리스라는 이름을 좋아하지 않습니다. 나는 그냥 B를 좋아할 뿐이고 그게 다입니다.

나는 학교 유치부에 다닙니다. 나의 반 이름은 9반(Room Nine)입니다. 그곳에는 많은 규칙들이 있습니다.

예를 들면 소리 지르기 금지.

그리고 복도에서 달리기 금지.

그리고 다른 아이들 배를 머리로 들이받기 금지.

내 선생님의 이름은 선생님(Mrs.)입니다.

또한, 그녀는 다른 이름도 가지고 있습니다. 하지만 나는 그냥 선생님이라는 이름을 좋아할 뿐이고 그게 다입니다.

지난주에 선생님은 크게 손뼉을 쳤습니다. 그런 다음 그녀는 우리에게 경지('nouncement)를 했습니다.

경지는 우리에게 매우 중요한 것을 말한다는 뜻의 학교에서 쓰는 말입니다.

"여러분. 주목해 볼래요?" 그녀가 말했습니다. "오늘은 9반을 위한 특별한 날이 될 거예요. 우리는 여러분이 커서 가질 수 있는 다양한 진로에 관해 이야기할 거예요."

"네, 그런데 이거 아세요?" 내가 말했습니다. "나는 진로라는 그 멍청한 단어를 전에 들어본 적도 없어요. 그리고 그러면 나는 우리가 도대체 무슨 말을 할지 모를 거예요."

선생님은 나를 보고는 눈을 가늘게 떴습니다. "진로는 직업을 말하는 거란다, 주니 B." 그녀가 말했습니다. "그리고 네가 말하기 전에는 제발 손을 들렴."

그러고 나서 선생님은 진로에 대해 몇 가지 더 이야기했습니다. 그리고 그녀는 월요일이 직업의 날(Job Day)로 불릴 것이라고 말했습니다. 그리고 9반 친구들 모두가 자신이 되고 싶은 직업으로 변장하고 학교에 올 것이라고요.

그 후에, 9반은 매우 들떴습니다. 나만 빼고 말입니다. 왜냐면('cause) 나에게는 큰 문제가 있었는데, 그래서였습니다.

"네, 그런데 이거 아세요?" 내가 말했습니다. "나는 내가 커서 무엇이 되고 싶은지 모르겠어요. 그리고 그래서 그건 내가 월요일에 학교에 올 수 없다는 뜻이고요. 그리고 나는 이제 아무래도 유치부를 졸업하지 못할 것 같아요."

"만세!" 짐(Jim)이라는 이름의 못된 남자아이가 소리쳤습니다.

나는 그 애에게 주먹을 쥐어 보였습

니다. "주먹 맛 좀 볼래, 이 멍청한 짐 녀석아?" 나는 바로 대꾸하여 소리쳤습니다.

선생님이 내 책상으로 왔습니다. 그녀는 내 옆에서 몸을 숙였습니다.

"*제발*, 주니 B. 너는 수업 시간에 더 얌전하게 행동하려고 노력해야 해. 우리 이 문제에 대해 전에 이야기했잖아, 기억하지?"

"네." 나는 친절하게 말했습니다. "하지만 나는 저 멍청한 녀석이 싫어요."

바로 그때 나의 가장 친한 친구이자—내 옆자리에 앉는—루실(Lucille)이 일어나 그녀의 주름 장식이 달린 원피스를 부풀렸습니다.

"저는 항상 얌전하게 행동해요, 그렇지 않나요, 선생님?" 그녀가 말했습니다. "그건 우리 할머니가 저에게 꼬마 숙녀처럼 행동하는 법을 가르쳐 주었기 때문이에요. 그리고 그러니까 주니 B. 존스는 좀 더 저처럼 행동해야 해요."

나는 그녀에게 화가 난 표정을 지었습니다. "나도 정말 꼬마 숙녀처럼 행동한다고, 이 멍청이 루실! 그리고 다시는 그런 말 하지 마, 안 그러면 내가 네 엉덩이를 때려 줄 테니까."

선생님은 나에게 얼굴을 찌푸렸습니다.

"농담이에요." 나는 아주 빠르게 말했습니다.

하지만 선생님은 계속해서 얼굴을 찌푸렸습니다. 그리고 그러고 나서 그녀는 나에게 벌을 주었습니다.

벌은 큰 책상에 여러분 혼자 앉아 있는 것을 나타내는 학교에서 쓰는 말입니다.

그리고 모두가 여러분을 계속해서 쳐다보는 것입니다.

그리고 그것은 여러분에게 고약한 기분을 들게 합니다.

그래서 내가 책상 위에 내 머리를 대고 엎드리게 된 것입니다. 그리고 나는 내 두 팔로 머리를 감쌌습니다.

왜냐면 벌은 여러분에게서 친하게 지낼 권리를 빼앗아 가기 때문입니다.

그리고 그래서 쉬는 시간에 나는 루실에게 말을 걸지 않았습니다. 그리고 또, 나는 그레이스(Grace)라는 이름의 다른 가장 친한 친구에게도 말을 걸지 않았습니다.

나는 그냥 혼자 잔디밭에 앉았습니다.

그리고 나는 경비 아저씨(Janitor)가 쓰레기통을 페인트칠하는 것을 보았습니다.

그리고 나는 나뭇가지 하나와 개미 한 마리를 가지고 놀았고 그게 다입니다.

"난 9반이 싫어." 내가 아주 투덜대며

말했습니다.

하지만 바로 그때 나는 잔디밭에서 아주 멋진 것을 보았습니다! 그리고 그 것은 이름하여 두 개의 체리 맛 라이프 세이버스(Life Savers) 사탕이었습니다!

"이야! 나 저 녀석들 좋아하는데!" 내가 말했습니다.

그런 다음 나는 재빨리 하나를 집어 들었습니다. 그리고 나는 세균을 불어 없앴습니다. 그리고 나는 그것을 곧바로 내 입 속으로 넣었습니다.

"기다려! 그러지 말렴!" 어떤 큰 목소리가 나에게 소리쳤습니다. "지금 당장 그걸 뱉어!"

나는 고개를 돌렸습니다.

바로 경비 아저씨였습니다! 그는 나를 향해 아주 재빠르게 뛰어오고 있었습니다. 그의 딸랑거리는 열쇠가 사방에서 짤랑거렸습니다.

"그거 뱉으렴, 내가 말했잖니!" 그가 다시 소리 질렀습니다.

그리고 그래서 그다음에 나는 체리 맛 라이프 세이버스 사탕을 땅에 뱉었습니다. 왜냐면 그 아저씨가 나를 겁주고 있었고, 그런 이유에서였습니다.

경비 아저씨는 내 옆에서 몸을 숙였습니다.

"내가 너를 겁먹게 하려던 건 아니었단다, 꼬마야." 그가 말했습니다. "하지만 나는 잔디밭에서 더러운 사탕을 잔

뜩 발견했어. 그리고 나는 내가 페인트 칠을 끝내면 그걸 치울 생각이었지."

그는 나를 심각하게 쳐다보았습니다. "네가 땅바닥에서 발견한 것은 절대 아무것도 먹지 말렴. 알아들었니? 절대로 안 돼."

"하지만 나는 세균을 불어서 없앴는걸요." 나는 그에게 말했습니다.

경비 아저씨는 고개를 저었습니다. "너는 세균을 불어서 없앨 수 없어." 그가 말했습니다. "네가 땅바닥에서 발견한 걸 먹는 건 아주, 아주 위험하단다."

그런 다음 경비 아저씨는 그 위험한 사탕을 집어 들었습니다. "이제 다른 데 가서 놀도록 해." 그가 말했습니다.

나는 크게 한숨을 쉬었습니다. "네, 하지만 난 그럴 수 없어요." 내가 말했습니다. "왜냐면 나는 학교에서 수다스러운 내 입을 떠벌렸거든요. 그리고 그리고 나서 나는 벌을 받았어요. 그리고 이제 나는 내 가장 친한 친구 루실이 싫어요."

경비 아저씨는 조금 슬프다는 듯이 미소 지었습니다. "인생이 가끔은 힘들지, 그렇지 않니, 꼬마야?" 그가 말했습니다.

나는 고개를 위아래로 까딱거렸습니다. "맞아요." 내가 말했습니다. "인생은 지독해요."

그러자 경비 아저씨는 내 머리를 쓰

다듬고 가 버렸습니다.

그리고 그래서 이거 아세요?

나는 방금 경비 아저씨가 좋아졌습니다.

그리고 그게 다예요.

2장 경찰 아저씨와 스마일리 의사 선생님(Dr. Smiley)

우리가 쉬는 시간이 끝나고 들어왔을 때, 선생님은 다시 크게 손뼉을 치고 있었습니다.

"여러분, 어서 자리에 앉도록 해요! 선생님이 여러분을 위해 아주 멋진 깜짝 놀랄 일을 준비했어요!"

그러자 나는 뱃속에서부터 아주 신이 났습니다! 왜냐하면 깜짝 놀랄 일은 내가 세상에서 가장 제일 좋아하는 것이기 때문이죠!

"그건 잼 도넛인가요?" 내가 외쳤습니다.

선생님은 자신의 손가락을 그녀의 입술에 댔습니다. 그것은 조용히 하렴이라는 뜻입니다.

"네, 하지만 이거 아세요? 잼 도넛은 내가 가장 제일 좋아하는 종류의 도넛이란 말이에요! 하지만 나는 또 크림이 있는 종류도 좋아해요. 그리고 초콜릿 종류도요! 그리고 위에 레인보우 스프링클(rainbow sprinkles)이 뿌려진 종류도요!"

그 후에, 내 입에서는 엄청 군침이 돌았습니다. 그리고 책상 위로 침이 좀 떨어졌습니다.

나는 내 스웨터 소매로 그것을 닦았습니다.

바로 그때 문을 두드리는 소리가 났습니다.

선생님은 서둘러 문을 열었습니다.

"저것 봐! 경찰 아저씨야!" 나는 아주 신나서 소리 질렀습니다.

그 경찰 아저씨는 9반으로 들어왔습니다.

그는 반짝거리는 배지가 달린 파란색 셔츠를 입고 있었습니다. 그리고 반짝거리는 검정 부츠도 신고 있었죠. 그리고 반짝거리는 하얀 오토바이 헬멧도 쓰고 있었습니다.

선생님은 미소 지었습니다. "여러분, 저는 여러분에게 제 친구, 마이크 경관(Officer Mike)을 소개하고 싶어요. 마이크 경관은 경찰관이죠. 경찰관이 무슨 일을 하는지 말해 볼 사람 있나요?"

"내가 할게요!" 내가 소리쳤습니다. "경찰관은 사람을 쉬게 해요! 왜냐면 한번은 경찰관 몇 명이 우리 동네에서 어떤 남자를 쉬게 했거든요. 그리고 그래서 내 생각에, 그건 그들이 그 남자를 낮잠 자게 했다는 뜻인 것 같아요."

바로 그때 내가 싫어하는 짐 그 녀석이 몹시 크게 웃었습니다.

"경찰관들이 그를 쉬게(rest) 한 게 아니야, 멍청아!" 그가 소리 질렀습니다. "경찰관들은 그를 체포한(arrest) 거라고! 그건 그들이 그를 감옥으로 데려갔다는 뜻이야. 그리고 그러니까 네 이웃은 더럽고 형편없는 죄수라는 거지!"

그러자 다른 아이들도 웃었습니다. 그리고 그래서 나는 내 머리를 숨겼습니다.

"그래, 그런데 나는 그 사람을 거의 알지도 못해." 나는 혼잣말을 했습니다.

그 후에, 마이크 경관 아저씨는 그의 반짝거리는 하얀 헬멧을 벗었습니다. 그리고 그는 우리에게 경찰관이 하는 몇 가지 다른 일들을 말해 주었습니다. 예를 들면 우리 아빠들에게 속도위반 딱지를 주는 일 같은 것 말이죠. 그리고 술에 취한 사람들을 쉬게 하는 것도요.

또한 그는 우리가 그의 수갑과 반짝이는 하얀 헬멧을 가지고 놀도록 해 주었습니다. 하지만 그 헬멧은 내 머리에 너무 컸습니다. 그리고 그것은 내 두 눈 전체를 덮었습니다.

"이런! 누가 불을 끈 거야?" 내가 말했습니다.

왜냐면 물론, 그것은 재미있는 농담이었기 때문입니다.

그때 문에서 또 한 번의 두드리는 소리가 났습니다.

이번에는 기다란 흰 재킷을 입은 여자였습니다. 그녀는 거대한 빨간 칫솔을 들고 있었습니다.

"여러분, 이분은 스마일리 의사 선생님이에요." 선생님이 말했습니다. "스마일리 의사 선생님은 아이들을 위한 치과 의사 선생님이에요."

스마일리 의사 선생님은 이가 그려진 포스터 몇 장을 걸었습니다. 그러고 나서 그녀는 충치 아저씨(Mr. Tooth Decay)에 대한 모든 것을 말해 주었습니다. 그리고 그녀는 밤에 우리가 이를 닦아야 한다고 말했습니다. 그리고 또 아침에도요.

"네, 왜냐면 아침에 이를 닦지 않으면, 입에서 고약한 냄새가 나거든요." 내가 말했습니다.

그런 다음 나는 스마일리 의사 선생님에게 내 흔들거리는 이를 보여 주었습니다.

"젖니가 빠지는 건 신나는 일이야, 그렇지 않니?" 그녀가 물었습니다.

"네." 내가 말했습니다. "하지만 난 울고 피를 뱉는 부분은 좋아하지 않아요."

스마일리 의사 선생님은 아픈 것 같은 표정을 지었습니다. 그런 다음 그녀는 민트향 초록색 치실을 나누어 주었습니다. 그리고 9반 아이들 모두는 치실질을 연습했습니다.

치실질은 여러분이 입을 통과시켜 실을 잡아당기는 것입니다.

그런데 곧 사건이 일어났습니다.

그건 윌리엄(William)이라는 이름의 남자아이가 치실을 너무 꽉 감았기 때문에 일어났습니다. 그리고 그의 이와 머리는 꼬인 실타래가 되었습니다. 그리고 스마일리 의사 선생님은 그를 풀어 줄 수 없었습니다.

그러고 나서 선생님은 아주 잽싸게 경비 아저씨를 불러야 했습니다. 그리고 그래서 그는 9반으로 달려왔습니다. 그리고 그는 윌리엄의 입 속에 그의 커다란 손전등을 비췄습니다.

그리고 그런 다음 스마일리 의사 선생님은 바로 거기서 위험한 치실을 풀어냈습니다!

9반은 박수 치고 또 박수 쳤습니다.

스마일리 의사 선생님은 고개 숙여 인사했습니다.

그러고 나서 선생님은 어쩌면 우리 중 몇 명이 직업의 날에 치과 의사나 경찰관으로 꾸며 입고 싶을지도 모르겠다고 말했습니다.

"네, 하지만 만약에 술 취한 사람이나 피가 나는 이를 좋아하지 않으면 어쩌죠?" 내가 물었습니다.

선생님은 천장 높이 눈을 굴렸습니다. 그러고 나서 그녀는 마이크 경관 아저씨와 스마일리 의사 선생님을 복도로 데리고 나갔습니다.

그때 9반이 매우 시끄럽게 웅성거리기 시작했습니다.

웅성거리는 것은 여러분의 선생님이 교실을 나가면 여러분이 하는 일입니다.

"나는 직업의 날에 배우처럼 변장할 거야." 에밀리(Emily)라는 이름의 여자아이가 말했습니다.

"나는 공주 복장을 할 거야." 내가 싫어하는 나의 가장 친한 친구 루실이 말했습니다.

나는 킥킥 웃었습니다. "나는 투우사처럼 변장할 거야!" 내가 말했습니다.

그러고 나서 나는 교실 주위를 아주 재빠르게 뛰어다녔습니다. 그리고 나는 못된 짐 그 녀석의 배를 내 머리로 들이받았습니다.

그리고 이거 아세요?

나는 심지어 잡히지도 않았습니다!

바로 그거죠!

3장 수다스러운 나의 입

학교가 끝난 뒤, 나와 그레이스라는 이름의 나의 가장 친한 친구는 함께 비스로 걸어갔습니다.

하지만 그 그레이스는 계속해서 한 발씩 깡충깡충 뛰면서 가자고 했습니다. 그런데 나는 그러고 싶지 않았습니다.

"어째서 넌 깡충깡충 뛰고 싶지 않다는 거야?" 그녀가 말했습니다. "나랑 너는 항상 버스까지 깡충깡충 뛰어가잖아."

"맞아, 그레이스." 내가 말했습니다. "그런데 오늘 나는 내 머릿속에 엄청 심각한 문제가 있거든. 그리고 그건 바로 내가 커서 어떤 직업이 되고 싶은지 아직도 모르겠다는 거야."

"나는 알아." 그 그레이스가 말했습니다. "나는 디즈니랜드(Disneyland)에 있는 미키 마우스(Mickey Mouse)가 될 거야."

나는 그녀를 향해 크게 한숨을 쉬었습니다. "그래, 하지만 너에게는 정말 안타까운 일이야, 그레이스." 내가 말했습니다. "왜냐하면 진짜 살아 있는 미키 마우스는 딱 한 명이거든. 그리고 너는 그가 아니잖아."

그 그레이스는 아주 심하게 웃었습니다.

"미키는 *진짜*가 아니야, 바보야. 그건 그냥 그 안에 사람이 들어 있는 쥐 모양 인형 탈이라고." 그녀가 말했습니다.

그리고 그래서 바로 그때 나는 내 뱃속에서 몹시 토할 것 같은 느낌이 들었습니다.

왜냐하면 나는 미키가 인형 탈인지 몰랐기 때문이었고, 그래서였습니다.

"왜 나한테 그걸 말해야 했던 거야, 그레이스?" 나는 정말 화가 나서 말했습니다. "이제 나는 너무 우울해."

그러고 나서 나는 서둘러 버스에 올랐습니다. 그리고 나는 창문 쪽으로 바짝 붙어 앉았습니다.

하지만 나는 어떤 평화나 조용함도 얻을 수 없었습니다. 왜냐하면 모두가 바보 같은 직업의 날에 대해 계속해서 이야기했기 때문입니다.

"나는 유명한 가수가 될 거야." 로즈(Rose)라는 이름의 여자아이가 말했습니다.

"나는 유명한 배턴 트월러가 될 거야." 리니(Lynnie)라는 이름의 또 다른 여자아이가 말했습니다.

그때 샬럿(Charlotte)이라는 이름의 여자아이가 자신은 유명한 화가가 될 거라고 말했습니다. "유명한 화가들은 예술가라고 불려." 그녀가 설명했습니다. "그리고 예술가들은 아주 부자야."

그 후 나는 조금 더 신나는 기분이 들었습니다. 왜 그런지 아세요? 밀러 할머니(Grandma Miller)는 내가 그림을 아름답게 그린다고 했거든요, 바로 그래서죠.

"야. 마찬가지로, 어쩌면 나도 유명한

화가가 될지도 몰라." 내가 말했습니다.

"나는 교도관이 될 거야." 로저(Roger)라는 이름의 남자아이가 말했습니다. "우리 로이(Roy) 삼촌이 교도관이거든. 그리고 삼촌은 교도소 전체의 열쇠를 들고 다닐 수 있어."

그러자 내 입은 미소를 지었습니다. 왜냐면 한번은 아빠가 나에게 현관문 열쇠를 준 적이 있기 때문입니다. 그리고 나는 그것을 스스로 열었습니다. 그리고 나는 어떤 도움도 필요 없었죠!

"야. 어쩌면 나도 열쇠를 가지고 다닐지도 몰라, 로저." 내가 말했습니다. "왜냐면 나는 그것들을 사용하는 법을 아주 잘 알고 있기 때문이지."

바로 그때 윌리엄이 몹시 수줍어하며 손을 들었습니다. "나는 슈퍼히어로가 되어서 사람들을 위험에서 구해 줄거야." 그가 말했습니다.

그리고 그래서 그때 나는 내 자리에서 곧바로 벌떡 일어났습니다! 왜냐면 그것이 무엇보다도 가장 좋은 생각이었기 때문이죠!

"나도, 윌리엄!" 나는 소리 질렀습니다. "왜냐면 내 생각에, 그건 정말 흥미진진할 것 같거든. 그리고 그래서 나도 사람들을 위험에서 구해 줄 거야!"

그때 못된 짐 그 녀석이 내 쪽으로 달려들었습니다. "흉내쟁이! 흉내쟁이! 넌 그냥 다른 사람들을 따라 하는 거

야. 그리고 어쨌든, 너는 세 개의 직업이 될 수는 없어! 넌 딱 하나만 될 수 있다고!"

나는 그에게 화가 난 얼굴을 했습니다.

"나는 한 가지 직업이 될 거야!" 나는 매우 화가 나서 말했습니다. "그건 그림을 그리고 열쇠로 물건을 열고 사람들을 구하는 특별한 종류의 직업이라고! 어떠냐! 하-하 바보는 너야!"

짐 그 녀석은 나를 보고 미쳤다는 손짓을 했습니다.

"멍청이." 그가 말했습니다. "멍청이 B. 존스. 전 세계에 그런 직업은 없어!"

"아니, 있거든! 그런 직업도 있거든, 이 멍청이 짐!" 나는 소리쳤습니다. "그리고 그건 전 세계에서 가장 좋은 직업이야!"

그는 팔짱을 끼고 얄미운 미소를 지었습니다.

"좋아. 그럼 그 직업의 이름이 뭔데?" 그가 말했습니다.

그러자 버스가 매우 조용해졌습니다.

그리고 모두가 계속해서 내가 내 직업의 이름을 말하길 기다리고 또 기다렸습니다.

하지만 나는 아무것도 생각해 낼 수 없었습니다.

그리고 그래서 내 얼굴은 엄청 빨개

지고 뜨거워졌습니다.

그리고 나는 또다시 기분이 언짢아졌습니다.

"봤지? 내가 말했지!" 못된 짐 그 녀석이 말했습니다. "그런 직업은 없다고! 내가 말했지! 내가 말했지! 내가 말했잖아!"

그 후에 나는 아주 조용히 앉았습니다. 그리고 나는 창밖을 내다봤습니다.

왜냐면 내 뱃속에서 토할 것 같은 느낌이 다시 들었기 때문이고, 그래서 그랬습니다.

이런 수다스러운 나의 입.

4장 바보 올리(Ollie)

나는 우리 집 모퉁이에서 버스에서 내렸습니다. 그리고 나서 나는 아주 재빠르게 집으로 뛰어갔습니다.

"도와주세요! 도와주세요! 나한테 큰 문제가 생겼어요!" 나는 엄마에게 소리쳤습니다. "왜냐면 내가 실수로 버스에서 수다스러운 내 입을 떠벌렸거든요! 그리고 지금 나는 그림을 그리고 물건을 열고 사람들을 위험에서 구해야 한다고요! 하지만 그게 무슨 멍청하고 바보 같은 직업인 거죠?"

"이쪽이야." 엄마가 외쳤습니다.

이쪽이야는 아기방을 뜻합니다. 아기

방은 올리라는 이름을 지닌 새로 태어난 내 남동생이 사는 곳입니다.

나는 내가 할 수 있는 한 가장 빠르게 그리로 달려갔습니다.

엄마는 흔들의자에서 올리를 달래고 있었습니다. 그는 살짝 잠들어 있었습니다.

"나는 정말 몹시 엄마랑 얘기하고 싶어요!" 내가 조금 더 소리쳤습니다. "왜냐면 내가 큰 거짓말을 했기 때문이에요. 그리고 이제 나는 거기서 어떻게 빠져나와야 할지 모르겠어요!"

바로 그때 올리가 깼습니다. 그는 아주 심하게 울기 시작했습니다.

"잘했다." 엄마가 엄청 으르렁대며 말했습니다.

"네, 하지만 죄송해요, 그런데 나도 지금 속상하다고요." 내가 설명했습니다.

올리는 점점 더 시끄럽게 울어 댔습니다. 그의 목소리는 따끔거리고 아픈 목에서 나는 소리 같았습니다.

엄마는 그를 자신의 무릎 위에 놓았습니다. 그런 다음 그녀는 자신의 손가락으로 그녀의 이마 옆쪽을 문질렀습니다.

그건 바로 엄마가 편두통(mybrain headache)이 있기 때문입니다, 제 생각에는요.

"너는 내가 아기를 다시 진정시킬 때

까지 기다려야만 할 거야." 여전히 짜증 내며, 그녀가 말했습니다.

"네, 하지만 난 기다릴 수 없어요, 왜냐면—"

엄마가 끼어들었습니다. "지금은 안 돼, 주니 B.! 내가 가능한 한 빨리 너와 이야기하러 나갈게! 지금은 부탁이니까 가렴!"

그러고 나서 그녀는 손가락으로 문을 가리켰습니다.

문을 가리키는 건 나-가(O-U-T)라는 뜻입니다.

"이런." 내가 말했습니다. "에잇, 짜증나, 짜증 난다고."

왜냐면 그 바보 같은 아기가 엄마의 시간을 모두 차지하고 있기 때문입니다.

그리고 그는 심지어 재미있지도 않습니다.

그는 뒤집는 방법을 모릅니다. 아니면 똑바로 앉는 법도요. 아니면 다이아몬드 게임(Chinese checkers)을 하는 법도 말이죠.

내 생각에, 그는 쓸모없는 사람입니다.

나는 그를 다시 병원에 데려가고 싶습니다. 하지만 엄마가 안 된다고 말했죠.

아기방에서 나온 후, 나는 앞마당으로 나갔습니다.

그런 다음 나는 홀로 잔디 위에 앉았습니다. 그리고 나뭇가지 하나와 다른 개미 한 마리를 가지고 놀았습니다.

하지만 이 멍청한 개미가 나를 물었습니다. 그리고 그래서 나는 개미의 머리 위에 돌을 떨어뜨려야 했습니다.

마침내 우리 아빠의 차가 진입로로 들어왔습니다. 그리고 내 마음은 무척 행복해졌습니다.

"아빠가 집에 왔다! 아빠가 집에 왔어! 만세! 만세!" 내가 소리 질렀습니다.

그런 다음 나는 그에게 달려갔습니다. 그리고 그는 나를 들어 올렸습니다. 그리고 나는 그를 정말 크게 껴안았습니다.

"나는 아빠를 만나서 너무 기뻐요!" 내가 말했습니다. "왜냐면 월요일에 나는 내가 되고 싶은 직업으로 변장해야 하거든요. 하지만 나는 실수로 내가 그림을 그리고 사람을 구하고 열쇠도 많이 가지고 다닐 거라고 말했어요. 그런데 그게 무슨 바보 같은 직업일까요?"

우리 아빠는 나를 내려놓았습니다. 그의 눈썹은 나를 향해 어리둥절해 보였습니다.

"우리가 저녁 식사 시간에 이걸 이야기해도 될까?" 그가 물었습니다.

"안 돼요." 내가 말했습니다. "우리는 지금 당장 이야기해야 해요. 왜냐면 난 벌써 할 수 있는 만큼 다 기다렸으니까요. 그리고 나는 마음속에서 긴장이 쌓이고 있단 말이에요."

"글쎄, 미안하지만 네가 조금 더 기다려야 할 것 같구나." 아빠가 말했습니다. "왜냐하면 지금 당장 나는 네 엄마가 아기를 돌보는 데 도움이 필요한지 봐야 하기 때문이야."

그러고 나서 그는 내 머리에 뽀뽀했습니다. 그리고 그는 곧장 집 안으로 걸어갔죠!

그리고 이거 아세요?

가끔 나는 멍청한 바보 올리가 우리와 함께 살기 위해 아예 오지 않았으면 합니다.

5장 빛을 비추는 일

내가 다시 집 안으로 들어갔을 때, 올리는 여전히 엄청 소리를 지르고 있었습니다.

그것은 엄마가 그의 고무젖꼭지를 찾을 수 없었기 때문입니다.

고무젖꼭지는 아기들이 빨기 좋아하는 것입니다. 하지만 나는 이유를 모르겠습니다. 왜냐면 예전에 내가 올리의 고무젖꼭지를 빨아 보았기 때문이죠. 그리고 그것은 나의 빨간 운동화 같은 맛이 났습니다.

바로 그때 엄마가 올리의 방에서 뛰쳐나왔습니다.

그리고 그녀의 머리카락은 아주 삐죽삐죽했습니다.

그리고 그녀의 옷은 온통 쭈글쭈글했습니다.

그리고 그녀는 양말을 한 짝만 신고 있었고, 그게 다입니다.

"어디 있어? 고무젖꼭지가 어디 있냐고? 고무젖꼭지가 그냥 흔적도 없이 사라지지는 않잖아, 내 말은!" 그녀가 매우 시끄럽게 소리 질렀습니다.

그러고 나서 나와 아빠는 엄마가 고무젖꼭지를 찾는 것을 아주 잽싸게 도와야 했습니다. 왜냐면 내 생각에는, 그녀가 이성을 잃고 있었기 때문입니다.

나는 소파 안을 찾아보았습니다. 그건 가끔 쿠션 밑으로 손을 쭉 밀어 넣으면, 그 밑에서 몇 가지 좋은 물건들을 찾을 수 있기 때문입니다.

이번에 나는 치토스(Cheetos) 세 개와 팝콘 하나를 찾았습니다.

그것들은 아주 맛있었습니다.

그 후에, 나는 아빠의 큰 의자 밑을 살펴보았습니다. 하지만 그 밑을 보기에는 너무 어두웠습니다. 그리고 그래서 나는 손전등을 가져오려고 달려갔습니다. 왜냐면 내가 학교에서 손전등에 대해 배웠기 때문이죠, 기억하나요?

손전등은 어두운 곳을 비출 때 재미있습니다. 나는 어두운 옷장에 그것을 비쳤습니다. 그리고 또 어두운 지하실 계단 아래로도요.

그러다가 나는 또 다른 어두운 장소가 기억났습니다. 그리고 그곳의 이름은 소리 지르는 올리의 방입니다. 왜냐면 그의 방 블라인드는 그가 낮잠을 잘 수 있게 내려와 있었기 때문이고, 그래서였습니다.

나는 아주 빠르게 바로 거기로 달려갔습니다.

"봐." 나는 소리 지르는 올리에게 말했습니다. "나에겐 손전등이 있다고."

나는 그의 방 천장에 그것을 비쳤습니다.

"보이지? 저 위에 있는 조그맣고 동그란 동그라미 모양의 빛이 보여?" 내가 말했습니다.

그러고 나서 나는 그의 정글 벽지에 그것을 비쳤습니다.

"그리고 원숭이들이 보여, 올리? 그리고 하마-라든가-뭐라든가도 보이지?" 나는 그에게 물었습니다.

하지만 비명을 지르는 올리는 그저 계속해서 소리만 지를 뿐이었습니다. 그리고 그는 나에게 예의를 보이지 않았습니다.

예의는 매우 공손하게 듣는다는 뜻의 학교에서 쓰는 말입니다.

그래서 내가 바로 수다스럽게 우는 그의 입 속을 손전등으로 비춘 것입니다.

하지만 바로 그때 문제가 생겼습니다. 그리고 그것은 바로 엄마가 조용한 양말을 신고 나에게 살금살금 다가왔다는 것입니다.

"주니 B. 존스! 너 도대체 무슨 짓을 하고 있는 거니?" 그녀가 소리 질렀습니다.

나는 침을 꿀꺽 삼켰습니다. 그러고 나서 나의 심장은 엄청 쿵쿵거렸습니다. 왜냐하면 나는 큰 곤경에 처했고, 그래서 그렇습니다.

"나는 빛을 비추고 있어요." 내가 정말 부드럽게 말했습니다.

"나가!" 그녀가 말했습니다. "지금 당장 나가렴!"

그리고 그래서 결국 내가 자리를 뜨기 시작했던 것입니다. 그런데 그때 손전등이 바닥을 비췄습니다. 그리고 나는 그 아래에서 아주 멋진 것을 보았습니다.

"엄마! 보세요! 여기 고무젖꼭지예요!" 내가 소리쳤습니다. "내가 고무젖꼭지를 찾았어요! 그건 흔들의자 밑에 숨어 있었다고요!"

그런 다음 나는 서둘러 그것을 집어 들었습니다. 그리고 나는 그것을 엄마에게 주었습니다.

그녀의 얼굴은 안심하는 표정이었습니다.

"정말 다행이다." 그녀가 말했습니다.

"네. 정말 다행이에요." 내가 대답했습니다.

엄마는 고무젖꼭지를 닦았습니다. 그리고 나서 그녀는 그것을 아주 세게 불었습니다.

"네, 그런데 엄마가 세균을 불어서 없앨 수는 없어요, 알죠." 내가 말했습니다. "왜냐면 땅에 있었던 물건은 아주 위험하거든요."

그리고 그래서 그때 엄마는 나에게 고무젖꼭지를 주었습니다. 그리고 나는 그것을 비누와 물로 씻었습니다.

그리고 이거 아세요? 그런 다음 나는 그것을 바로 올리의 입에 집어넣었습니다. 그리고 그는 울음을 그쳤어요!

엄마는 나를 자랑스럽게 바라보았습니다.

"너는 어디서 그렇게 똑똑해진 거니?" 그녀가 물었습니다.

"바로 그건, 학교에서죠." 내가 말했습니다.

그때 갑자기 내 두 눈이 크고 동그랗게 되었습니다. 왜냐면 아주 근사한 생각이 바로 내 머릿속에서 떠올랐기 때문이죠!

"있잖아요! 내가 생각해 냈어요!" 나는 소리 질렀습니다. "나는 내가 직업의 날에 무엇이 될지 생각해 냈다고요!"

그런 다음 나는 폴짝폴짝 뛰었습니다. 그리고 나는 복도를 따라 달려갔습니다.

아빠는 자신의 의자에 앉아 신문을 읽고 있었습니다.

나는 내 머리로 그것을 뚫었습니다.

"나 생각해 냈어요! 나는 내가 커서 어떤 종류의 직업이 되고 싶은지 생각해 냈어요!"

아빠가 나에게 말했습니다. "진정하렴." 그건 아빠가 내가 도대체 무슨 말을 하고 있는지 몰랐기 때문입니다, 당연히 말이죠.

"네, 하지만 난 진정할 수 없어요." 내가 설명했습니다. "왜냐면 내가 엄청 축하하고 있으니까요! 그리고 지금 내 마음속에는 이제 긴장감도 없어졌어요!"

바로 그때 엄마가 방으로 들어왔습니다.

"무슨 일로 이렇게 신이 난 거니?" 그녀가 말했습니다.

나는 손뼉을 쳤습니다. "내가 경지할 게 있어요, 바로 그 일 때문이죠!" 나는 정말 행복하게 말했습니다.

"그래, 그게 뭐니?" 엄마가 말했습니다. "우리에게 말해 주렴!"

그리고 그래서 그때 나는 똑바로 우뚝 섰습니다.

그리고 나는 엄마와 아빠에게 내가 커서 될 직업의 이름을 말했습니다!

"좋은 직업이에요, 맞죠?" 나는 아주 신나서 말했습니다. "그건 엄마 아빠가 들어 본 것 중 최고의 직업이죠, 그렇지 않아요?"

하지만 엄마와 아빠는 내 말에 대답하지 않았습니다. 그들은 그냥 서로를 계속해서 바라보고 또 바라봤습니다.

그러고 나서 아빠는 이상한 미소를 지었습니다.

그리고 엄마는 오 이런이라는 말을 했습니다.

6장 짜릿짜릿한 기분

나는 주말 내내 잠을 잘 수 없었습니다. 그것은 내가 직업의 날에 대해 마음속으로 짜릿짜릿 신나는 기분을 느꼈기 때문입니다. 그리고 내 머릿속은 진정할 수 없었습니다.

그리고 그래서 월요일에, 나는 버스 정류장으로 아주 빨리 쌩하고 갔습니다.

"봐요, 우 아저씨(Mr. Woo)!" 나는 버스 기사 아저씨에게 말했습니다. "오늘 내가 뭘 입었는지 봐요!"

그런 다음 나는 나의 재킷을 열어서 그에게 내 직업 복장을 보여 주었습니다.

"보이죠? 이건 멋진 바지예요. 그리고 달랑거리는 열쇠들도 있죠. 그리고 페인트 붓도 말이에요." 내가 말했습니다. "하지만 난 아저씨에게 내가 누구인지 말해 줄 수 없어요, 왜냐면 그건 저의 특별한 비밀이니까요."

그런 다음 나는 내 자리에 폴싹 하고 앉았습니다. 그리고 나와 우 아저씨는 다음 모퉁이로 갔습니다.

그곳은 바로 나의 가장 친한 친구 그레이스가 타는 곳입니다.

그녀는 미키 마우스 귀를 쓰고 빨간색과 흰색 물방울무늬가 그려진 원피스를 입고 있었습니다!

"그레이스!" 나는 활짝 미소를 지으며 말했습니다. "너 그 물방울무늬 같은 거 입으니까 정말 예뻐 보인다."

"나도 알아." 그녀가 말했습니다. "그건 내가 커서 누가 될지에 대한 생각을 바꿨기 때문이야. 이제 나는 미키 대신 미니(Minnie)가 될 거야."

그때 나는 미소 짓는 것을 멈췄습니다. 그리고 내 뱃속에서는 다시 엄청 토할 것 같은 느낌이 들었습니다.

왜냐면 그것은 미니 마우스도 마찬가지로 가짜라는 뜻이었기 때문입니다.

"디즈니랜드는 다 거짓말이야." 내가 말했습니다.

그 후에, 버스가 다시 멈췄습니다. 그리고 윌리엄이 탔습니다.

그는 슈퍼맨(Superman) 옷을 입고 있었습니다. 하지만 그의 옷 앞쪽에는 W가 있었습니다. 그리고 글자 S가 아니었죠.

"W는 윌리엄을 나타내요." 그가 우 아저씨에게 말했습니다.

"그건 네가 날 수 있다는 뜻이니?" 우 아저씨가 물었습니다.

그러자 윌리엄은 아주 크게 미소 지었습니다. 그리고 그는 자신의 두 팔을 내밀었습니다. 그리고 그는 공중으로 아주 높이 뛰어올랐습니다.

하지만 그는 날지 못했습니다.

그리고 그래서 그는 그냥 자리에 앉았습니다.

그 후에, 마찬가지로, 다른 아이들도 버스에 탔습니다.

그리고 로저는 꼭 나처럼 열쇠들을 가지고 있었습니다. 그리고 또 플라스틱 수갑도요.

그리고 샬럿은 주머니에 수채화 물감 몇 개가 있는 빨간 그림용 앞치마를 입고 있었습니다.

그리고 못된 짐 그 녀석은 흰색 목욕가운을 입고 있었습니다.

"이야! 나도 꼭 그것 같은 목욕 가운이 있어, 짐!" 내가 매우 친절하게 말했습니다.

"이건 목욕 가운이 아니야, 멍청아." 그가 말했습니다. "나는 쿵후 가라테 사나이라고."

"짐은 쿵후 가라테 사나이래." 나는 그레이스에게 말했습니다. "하지만 그는 방금 욕조에서 나왔지."

그런 다음 나와 그녀는 웃고 또 웃었습니다. 왜냐면 물론, 그것이 재미있는 농담이었기 때문입니다.

그리고 직업의 날은 이 넓은 세계 전체에서 가장 재미있는 날이 될 거고요!

7장 직업과 직업

내가 버스에서 내렸을 때, 나는 9반으로 쌩하고 달려갔습니다. 그것은 내가 직업의 날이 아주 빨리 시작되기를 바랐기 때문입니다.

하지만 먼저 우리는 출석을 확인해야 했습니다.

그리고 그러고 나서 우리는 나는 미합중국 국기와, 그것이 상징하는 국가에 대한 충성을 맹세합니다를 말해야 했습니다.

하지만 나는 그 바보 같은 이야기가 무슨 말을 하고 있는지도 모르겠습니다.

그때 마침내 선생님이 크게 손뼉을 쳤습니다.

그리고 이거 아세요? 바로 그건, 직업의 날이 시작되었다는 거예요!

"여러분, 여러분 모두 복장을 입고 있으니 멋져 보이네요!" 선생님이 말했습니다. "전 여러분 모두가 커서 무엇이 되고 싶은지 빨리 알고 싶어요! 누가 처음으로 하고 싶나요?"

"저요! 저 하고 싶어요!" 나는 소리 질렀습니다.

하지만 그때 나의 가장 친한 친구 루실이 아주 공손하게 손을 들었습니다. 그리고 그녀가 처음으로 하게 되었습니다.

루실은 내가 그녀를 본 것 중에서 가장 제일 아름다워 보였습니다.

그녀는 그녀의 할머니가 그녀에게 사 준 새 드레스를 입고 있었습니다. 그것은 분홍 벨벳의 색깔이었습니다.

또 그녀는 반짝이는 분홍 신발도 신고 있었습니다. 그리고 나비매듭과 레이스가 달린 양말도요.

내 생각에, 루실의 할머니는 부자인 것 같습니다.

루실은 교실 앞으로 나갔습니다. 그녀는 작은 가방에 손을 넣어 보석이 박혀 있는 반짝거리는 왕관을 꺼냈습니다!

그러자 9반 모두가 말했습니다. "오오오오오."

남자아이들만 빼고요.

"제가 크면, 저는 왕자와 결혼할 거예요." 그녀가 말했습니다. "그리고 저는 공주가 될 거예요. 그러면 내 이름은 루실 공주가 될 거예요."

그런 다음 그녀는 반짝거리는 왕관을 그녀의 머리 위에 얹었습니다. 그러자 그녀는 동화 속 인물처럼 보였습니다.

선생님은 미소 지었습니다. "그거 멋진 생각이네, 루실." 그녀가 말했습니다.

"그럼요." 루실이 말했습니다. "우리 할머니는 네가 왕자와 결혼하면, 네 인생이 보장되는 거라고 말해요."

그 후에, 루실은 자신의 드레스가 85달러라고 말했습니다. 그리고 그녀의 신발은 45달러나 들었다고 했죠. 그리고 그녀의 레이스 양말은 세금 포함 6달러 50센트라고도요.

그러자 선생님은 루실에게 앉으라고 말했습니다.

리카도(Ricardo)가 다음이었습니다.

그는 동그란 노란색 모자를 쓰고 있었습니다. 그것은 여러분이 두드릴 수 있는 종류의 모자였습니다.

"이건 안전모라고 불러요." 그가 말했습니다. "여러분이 높은 건물들을 지을 때 여러분은 반드시 이걸 써야 해요. 아니면 다른 누군가 아주 높은 곳에서 망치를 떨어뜨릴 수도 있어요. 그러면 그게 여러분의 머리를 쳐서 여러분을 죽일 수도 있고요."

선생님은 미소를 지었습니다. "그러니까 너는 건설에 관심이 있는 거구나, 그렇지, 리카도?" 그녀가 물었습니다.

하지만 리카도는 그저 여러분의 머리 위에 떨어져서 여러분을 죽일 수 있는 다른 것에 대해서만 계속 이야기했습니다. 예를 들면 페인트 통 같은 것 말이죠. 그리고 전동 드릴도요. 그리고 도시락 통도요.

그러자 마찬가지로, 선생님이 그에게 말했습니다. "앉으렴."

바로 그때 윌리엄이 그의 손을 들었습니다. 하지만 그는 아주 수줍어하고 있었습니다. 그리고 그는 교실 앞으로 나가려고 하지 않았습니다.

"긴장할 필요 없단다, 윌리엄." 선생님이 말했습니다. "그냥 네가 커서 무엇이 되고 싶은지 우리에게 말해 주렴."

윌리엄은 그의 두 손으로 자신의 얼굴을 가렸습니다.

"슈퍼 윌리엄(Super William)이요." 그가 아주 조용하게 말했습니다.

그런 다음 그는 자리에서 나왔습니다. 그리고 그는 공중으로 아주 높이 뛰었습니다. 하지만 그의 망토가 그의 의자에 엉켜 버렸죠. 그리고 그는 책상으로 추락했습니다.

그 후에, 슈퍼 윌리엄은 몹시 훌쩍거리게 되었습니다. 그리고 선생님은 우리가 나중에 다시 그의 이야기를 들으러 돌아갈 거라고 말했습니다.

그리고 나서 많은 다른 아이들이 그들의 직업에 대해 말했습니다.

예를 들면 클리프턴(Clifton)이라는 이름의 남자아이는 돈 많고 유명한 우주비행사가 될 거라고 했습니다.

그리고 릴리(Lily)라는 이름의 여자아이는 돈 많고 유명한 영화배우가 될 거라고 했슶니다. 그리고 또 그녀는 감독도 하고 싶다고 말했습니다.

그리고 햄(Ham)이라는 이름의 남자아이는 큰 회사의 돈 많고 유명한 사장이 될 거라고 했습니다. 그리고 그는 넌 *해고야*라는 말을 하는 방법을 우리에게 가르쳐 주었습니다.

그리고 여기 그중에서 가장 최고인 것이 있습니다! 왜냐면 자말 홀(Jamal Hall)이라는 이름의 남자아이는 미국 전체의 돈 많고 유명한 대통령이 될 거라고 했기 때문이죠!

"멋진데!" 리카도가 말했습니다.

그러자 마찬가지로, 다른 남자아이들도 말했습니다. "멋지다."

나는 비밀스러운 미소를 지었습니다. 맞아, 하지만 내 직업만큼 멋지지는 않지, 나는 나 혼자서만 생각했습니다.

그런 다음 나는 아주 공손하게 손을 들었습니다. 그리고 선생님은 내 이름을 불렀습니다.

"오, 이런!" 나는 소리쳤습니다. "오,

이런! 오, 이런! 왜냐면 내 직업은 미국 대통령보다 훨씬 더 좋으니까요!"

나는 교실 앞으로 엄청 잽싸게 쌩하고 달려갔습니다.

그러자 나의 흥분이 더 이상 내 마음속에만 머물러 있지 않았습니다.

"경비원이요! 난 경비원이 될 거예요!" 내가 소리 질렀습니다.

그 후에, 나는 나의 짤랑거리는 열쇠들을 딸랑거렸습니다! 그리고 나는 페인트 붓을 공중에서 흔들었습니다! 그리고 나는 박수를 치고 또 쳤습니다!

하지만 나에게는 너무나 안타까운 일이 있었습니다.

왜냐면 아무도 따라서 박수 치지 않았기 때문입니다.

그리고 여기 더 안 좋은 것이 있었습니다.

9반 아이들은 아주 심하게 웃기 시작했습니다. 그리고 그것은 못된 종류였습니다.

"쟤 경비원이 되고 싶대!" 그들이 소리쳤습니다.

그러고 나서 그들은 나의 갈색 바지를 가리켰습니다.

그리고 그들은 나를 멍청이라는 이름으로 불렀습니다.

그리고 나는 어떻게 해야 할지 몰랐습니다. 왜냐면 나는 마음속이 아주 무너지는 기분이 들었기 때문입니다.

그리고 그래서 나는 그냥 계속해서 거기에 서 있었고 또 거기에 서 있었습니다.

그리고 내 두 눈은 약간 촉촉해졌습니다. 그리고 내 코에서 콧물이 아주 심하게 나기 시작했습니다.

그래서 나는 내 얼굴을 가렸습니다.

"저 애들은 나한테 예의가 없어요." 나는 정말 부드럽게 말했습니다.

하지만 바로 그때 선생님이 화를 내며 손뼉을 쳤습니다. 그리고 그녀는 9반을 정말 심하게 꾸짖었습니다.

"주니 B. 말이 맞아요." 그녀가 말했습니다. "경비원이 되는 것은 아주 중요한 직업이에요. 여러분은 부지런히 일해야 하고 믿을 만해야 하고 또 아주, 아주 신뢰할 수 있는 사람이어야 해요."

나는 내 손가락 사이로 그녀를 훔쳐봤습니다.

"네, 그리고 사람들을 위험에서 구해줘야 한다는 부분을 잊지 마세요." 내가 말했습니다.

그러자 내가 싫어하는 짐 그 녀석이 바로 큰 소리로 웃었습니다. "경비원은 사람들을 위험에서 구하지 않아, 이 바보 멍청아!" 그가 말했습니다.

나는 그를 향해 발을 쿵쿵 굴렀습니다. "아니, 구하거든! 그들은 사람도 구한다고! 왜냐하면 한번은 내가 위험한 라이프 세이버스 사탕을 먹고 있었어. 그런데 경비 아저씨가 내가 그걸 뱉게 했다고! 그리고 또 그는 9반으로 손전 등을 가져왔어. 그리고 그는 윌리엄을 위험한 치실에서 구했잖아!"

그러고 나서 나는 딸랑거리는 열쇠 들을 들어 올렸습니다.

"그리고 이것들이 보이지? 열쇠는 경 비원이 화장실 문을 여는 물건이야. 그 렇지 않으면 우리는 화장실에 가지도 못 한다고!"

그런 다음 나는 그에게 나의 페인트 붓을 보여 주었습니다.

"그리고 또, 경비원은 쓰레기통을 페 인트칠하기도 해." 내가 말했습니다. "그 리고 그림 그리기는 내가 가장 좋아하 는 제일 재미있는 일이란 말이야!"

짐 그 녀석은 얄미운 미소를 지었습 니다. "그래, 그런데, 안타깝네, 하지만 너는 여자애잖아. 그리고 경비원은 남 자여야 하고. 그러니 그만해."

나는 그의 책상으로 달려갔습니다. "아니, 그렇지 않아, 이 멍청이 짐!" 내 가 말했습니다. "여자도 남자가 될 수 있는 무엇이든 될 수 있어! 맞죠, 선생 님? 맞죠? 맞죠? 왜냐면 내가 *세서미 스트리트(Sesame Street)*에서 봤단 말이 에요. 그리고 또 *오프라(Oprah)*에서도 요."

선생님은 미소를 지었습니다.

그러자 나의 가장 친한 친구 그레이 스가 박수 치기 시작했습니다.

그리고 이거 아세요? 9반의 다른 모 든 여자아이들도 박수를 쳤습니다.

8장 거스 발로니(Gus Vallony)

오늘은 경비 아저씨가 발표 시간을 위 해 9반에 왔습니다!

그리고 그것은 내가 보았던 것 중 가 장 재미있는 날이었습니다!

그것은 그가 자신의 아주 큰 공구 상자를 가지고 왔기 때문입니다.

그리고 우리는 공구 이름 맞히기라 는 게임을 했습니다.

그리고 이거 아세요?

나는 톱을 알고 있었습니다.

그리고 망치도요.

그리고 조절식 래칫이 들어 있는 미 터법 소켓 세트도 알았죠.

그런 다음 경비 아저씨는 우리에게 그의 물건을 사용하는 법을 보여 주었 습니다.

그리고 샬럿은 그의 거대한 손전등 을 비춰 보게 되었습니다.

그리고 나의 가장 친한 친구 그레이 스는 그의 커다란 빗자루를 쓸어 보았 습니다.

그리고 운이 좋은 루실은 그의 질퍽

거리는 스펀지로 칠판을 닦아 보았습니다.

하지만 그때 작은 사고가 생겼습니다. 왜냐면 내가 대걸레를 원했기 때문입니다. 그런데 그 멍청이 짐이 그것을 놓으려 하지 않았습니다. 그리고 그래서 나는 그의 팔을 꼬집어야 했습니다.

그 후에, 우리에게서 대걸레가 치워졌습니다.

*치워지다*는 우리 손에서 곧장 낚아채졌다는 뜻의 학교에서 쓰는 말입니다.

그런 다음, 경비 아저씨는 의자에 앉았습니다. 그리고 9반 아이들은 그를 온통 둘러싸고 앉았습니다.

그런 다음 그는 우리에게 자기 자신과 그의 직업에 대해 모두 말해 주었습니다.

그리고 이거 아세요?

그는 14년 동안 경비원으로 있었어요.

그리고 그는 우리와 다른 나라에서 태어났습니다.

그리고 그의 이름은 거스 발로니입니다!

"이야! 나는 거스 발로니라는 저 이름이 마음에 들어!" 내가 소리 질렀습니다. "왜냐면 발로니는 내가 제일 좋아하는 종류의 샌드위치거든!"

그런 다음 나는 아주 자랑스럽게 미소 지었습니다.

"그리고 또 맞춰 볼래?" 나는 9반에게 말했습니다. "나와 경비 아저씨는 가장 친한 친구야. 그리고 가끔 그는 나를 꼬마라는 별명으로 불러!"

그러자 경비 아저씨가 나에게 윙크를 했습니다.

그리고 그래서 나도 윙크를 했습니다. 하지만 내 두 눈 모두가 계속해서 감겼습니다. 그리고 그래서 나는 나의 손가락으로 한쪽 눈이 떠지도록 잡고 있어야 했습니다.

"나는 그 거스 발로니가 정말 좋아." 나는 내 가장 친한 친구 루실에게 소곤거렸습니다.

그런데 그때 릴리라는 이름의 그 멍청한 여자아이가 내가 한 말을 들었습니다.

그리고 그녀는 노래하기 시작했습니다. "주니 B.에게 나아암자 치이인구가 생겼대요. 주니 B.에게 나아암자 치이인구가 생겼대요."

그리고 결국 그래서 나는 엄청 부끄러워졌습니다.

"이런 수다스러운 내 입!" 내가 말했습니다.

그러자 선생님이 웃었습니다.

그리고 경비 아저씨도 웃었습니다.

그리고 다른 모든 사람들도 마찬가지로 웃었습니다.

그 후에, 경비 아저씨는 다시 일하러 돌아가야 했습니다. 그리고 그래서 선생님은 그와 악수했습니다.

그러고 나서 9반은 그에게 박수 치고 또 박수 쳤습니다.

그리고 경비 아저씨는 미소 지었습니다.

그리고 그의 딸랑거리는 열쇠는 문 밖으로 나가는 내내 짤랑거렸습니다.

Chapter 1

1. D   Then Mrs. talked some more about careers. And she said Monday was going to be called Job Day. And everybody in Room Nine would come to school dressed up like what kind of job they wanted to be.

2. C   After that, Room Nine was very excited. Except for not me. 'Cause I had a big problem, that's why. "Yeah, only guess what?" I said. "I don't know what I want to be when I grow up. And so that means I can't come to school on Monday. And now I'll probably flunk kindergarten."

3. A   Just then my bestest friend Lucille—who sits next to me—stood up and fluffed her ruffly dress. "I always control myself, don't I, Teacher?" she said. "That's because my nanna taught me to act like a little lady. And so Junie B. Jones should act more like me." I made a growly face at her. "I do act like a little lady, you dumb bunny Lucille! And don't say that again, or I'll knock you on your can." Mrs. did a frown at me. "Just kidding," I said very quick. Except for Mrs. kept on frowning. And then she gave me punishment.

4. B   Except for just then I saw something very wonderful in the grass! And its name was two cherry Life Savers!

5. C   Janitor shook his head. "You can't blow germs off," he said. "Eating things that you find on the ground is very, very dangerous."

Chapter 2

1. A   Mrs. smiled. "Boys and girls, I would like you to meet my friend, Officer Mike. Officer Mike is a policeman. Who can tell me what policemen do?" "I can!" I called out. "They rest people! 'Cause one time some cops rested a guy on my street. And so that means they made him take a nap, I think."

2. D   Also he let us play with his handcuffs and his shiny white helmet. Except for the helmet was very too big for my head. And it covered my whole entire eyes.

3. A   Dr. Smiley made a sick face. Then she passed out minty green dental floss. And all the kids in Room Nine practiced flossing.

4. C Only pretty soon an accident happened. That's because a boy named William winded his floss too tight. And his teeth and head got in a tangled knot ball. And Dr. Smiley couldn't undo him. Then Mrs. had to call Janitor speedy quick. And so he runned to Room Nine. And he shined his giant flashlight in William's mouth.

5. B Then Mrs. said that maybe some of us might like to dress up like dentists or police officers on Job Day. "Yeah, only what if you don't like drunk guys or bloody teeth?" I asked.

Chapter 3

1. B "I do," said that Grace. "I'm going to be Mickey Mouse at Disneyland." I did a big sigh at her. "Yeah, only too bad for you, Grace," I said. "'Cause there's only one real alive Mickey Mouse. And you're not him." That Grace laughed very hard. "Mickey isn't real, silly. He's just a mouse suit with a guy inside," she said. And so just then I felt very sickish inside of my stomach. 'Cause I didn't know Mickey was a suit, that's why.

2. A Then a girl named Charlotte said she was going to be a famous painter. "Famous painters are called artists," she explained. "And artists are very rich." After that I felt a little bit cheerier. 'Cause guess what? Grandma Miller says I paint beautifully, that's what. "Hey. Maybe I'll be a famous painter too," I said. "I'm gonna be a prison guard," said a boy named Roger. "My uncle Roy is a prison guard. And he gets to carry the keys for the whole entire prison." Then my mouth did a smile. 'Cause one time my dad gave me the key to the front door. And I unlocked it all by myself. And I didn't even need any help! "Hey. Maybe I might carry keys too, Roger," I said. "'Cause I know how to use those things very good."

3. D Then that mean Jim jumped up at me. "Copycat! Copycat! You're just copying everybody else. And anyway, you can't be three jobs! You can only be one!"

4. C "I am just being one job!" I said very angry. "It's a special kind of job

where you paint and you unlock stuff and you save people! So there! Ha-ha on you!"

5. B   Then the bus got very quiet. And everybody kept on waiting and waiting for me to say the name of my job. Except for I just couldn't think of anything.

Chapter 4

1. C   Mother was rocking Ollie in the rocking chair. He was a little bit sleeping. "I NEED TO TALK TO YOU VERY BAD!" I shouted some more. "'CAUSE I DID A BIG FIB. AND NOW I DON'T KNOW HOW TO GET OUT OF IT!"

2. C   Ollie screeched louder and louder. His voice sounded like a scratchy sore throat. Mother put him on her lap. Then she rubbed the sides of her forehead with her fingers. That's 'cause she had a mybrain headache, I think. "You're just going to have to wait until I get the baby settled again," she said, still grumpy.

3. B   "Darn it," I said. "Darn it, darn it, darn it." 'Cause that dumb old baby takes up all of Mother's time. And he's not even interesting. He doesn't know how to roll over. Or sit up. Or play Chinese checkers. He is a dud, I think.

4. D   Finally my daddy's car came into the driveway. And my heart got very happy. "Daddy's home! Daddy's home! Hurray! Hurray!" I yelled.

5. A   "Can we talk about this at dinner?" he asked. "No," I said. "We have to talk right now. 'Cause I've already waited all I can. And I'm getting tension in me." "Well, I'm afraid you're just going to have to wait a little while longer," said Daddy. "Because right now I've got to see if your mother needs help with the baby."

Chapter 5

1. D   "WHERE IS IT? WHERE IS THE PACIFIER? IT JUST DIDN'T DISAPPEAR INTO THIN AIR, YOU KNOW!" she hollered very loud. Then me and Daddy had to help Mother look for the pacifier speedy quick. 'Cause she was losing her grip, I think.

2. A   Only screaming Ollie just kept right on screaming. And he didn't show

courtesy to me. Courtesy is the school word for listening very polite. That's how come I shined it right in his big fat crying mouth. Except for just then a problem happened. And it's called Mother sneaked up on me in her quiet sock. "JUNIE B. JONES! WHAT IN THE WORLD DO YOU THINK YOU'RE DOING?" she hollered.

3. B   And so that's how come I started to leave. Except for then the flashlight shined on the floor. And I saw something very wonderful down there. "HEY! LOOK! IT'S THE PACIFIER!" I shouted. "I FOUND THE PACIFIER! IT WAS HIDING UNDER THE ROCKING CHAIR!"

4. B   And so then Mother gave me the pacifier. And I washed it off with soap and water.

5. C   "I THOUGHT OF IT! I THOUGHT OF WHAT KIND OF JOB I CAN BE WHEN I GROW UP!" Daddy said, "Slow down," to me. That's because he didn't know what the heck I was talking about, of course. "Yeah, only I can't slow down," I explained. "'Cause I'm very celebrating! And now I don't have tension in me anymore!"

Chapter 6

1. A   I couldn't sleep for the whole weekend. That's because I had tingling excitement in me about Job Day. And my brain wouldn't settle down. And so on Monday, I zoomed to the bus stop very fast.

2. C   "Look, Mr. Woo!" I said to my bus driver. "Look what I'm wearing today!" Then I opened my jacket and I showed him my job clothes. "See? It's nice pants. And dangling keys. And a paintbrush," I said. "Except for I can't tell you what I am, 'cause it's my special secret."

3. D   "Grace!" I said very smiling. "You look very beautiful in that dotty thing." "I know it," she said. "That's because I changed my mind about who I'm going to be when I grow up. Now I'm going to be Minnie instead of Mickey." Then I stopped smiling. And my stomach felt very sickish inside again. 'Cause that meant Minnie Mouse was a fake too.

4. C "Does that mean you can fly?" asked Mr. Woo. Then William grinned very big. And he held out his arms. And he jumped way high in the air. Except for he didn't fly. And so he just sat down.

5. B And that mean Jim was wearing a white bathrobe. "Hey! I've got a bathrobe just like that, Jim!" I said very friendly. "It's not a bathrobe, dummy," he said. "I'm a kung fu karate guy." "Jim is a kung fu karate guy," I said to Grace. "Except for he just got out of the bathtub."

Chapter 7

1. B "When I grow up, I'm going to marry a prince," she said. "And I'll be a princess. And my name will be Princess Lucille." Then she put the sparkling crown on her head. And she looked like a fairy tale guy. Mrs. smiled. "That's a lovely thought, Lucille," she said. "I know," said Lucille. "My nanna says if you marry a prince, you're set for life."

2. C "This is called a hard hat," he said. "You have to wear it when you're building tall buildings. Or else somebody might drop a hammer from way up high. And it could hit you on the head and kill you." Mrs. smiled. "So you're interested in construction, right, Ricardo?" she asked. But Ricardo just kept on talking about other stuff that could fall on your head and kill you. Like a paint can. And an electric drill. And a lunchbox.

3. A "A JANITOR! I'M GOING TO BE A JANITOR!" I hollered out. After that, I jingled my jangly keys! And I waved my paintbrush in the air! And I clapped and clapped! Only too bad for me. 'Cause nobody clapped back. And here's something even worser. Room Nine started laughing very much. And it was the mean kind. "SHE WANTS TO BE A JANITOR!" they yelled. Then they pointed at my brown pants. And they called me the name of stupid.

4. D "Junie B. is right," she said. "Being a janitor is a very important job. You have to be hardworking and reliable and very, very trustworthy."

5. B That Jim did a mean smile. "Yeah, well, too bad for you, but you're a girl. And janitors have to be boys. So there." I runned to his table. "No, they do not,

you stupid head Jim!" I said. "Girls can be anything boys can be! Right, Mrs.? Right? Right? 'Cause I saw that on Sesame Street. And also on Oprah."

Chapter 8

1. C Today Janitor came to Room Nine for Show and Tell! And it was the funnest day I ever saw! That's 'cause he brought his very big toolbox with him. And we played a game called Name the Tools.

2. A Except for then a little bit of trouble happened. 'Cause I wanted the mop. Only that stupid head Jim wouldn't let go of it. And so I had to pinch his arm. After that, the mop got removed from us.

3. C Then he told us all about himself and his job. And guess what? He's been Janitor for fourteen years. And he was borned in a different country from ours.

4. B "And guess what else?" I said to Room Nine. "Me and Janitor are bestest friends. And sometimes he calls me the nickname of sis!"

5. D "Me and my big fat mouth!" I said. Then Mrs. laughed. And Janitor laughed. And everybody else laughed too.

Workbook text copyright © 2021 Longtail Books

Text copyright © 1993 by Barbara Park. All rights reserved.

이 책은 (주)한국저작권센터(KCC)를 통한 저작권자와의 독점계약으로 롱테일북스에서 출간되었습니다.
저작권법에 의해 한국 내에서 보호를 받는 저작물이므로 무단전재와 복제를 금합니다.

주니 B. 존스와 수다스러운 그녀의 입
(Junie B. Jones and Her Big Fat Mouth)

초판 발행   2021년 7월 1일

지은이   Barbara Park
기획   이수영
책임편집   유아름
편집   유아름 정소이 김지혜
콘텐츠제작및감수   롱테일북스 편집부
저작권   김보경
마케팅   김보미 정경훈

펴낸이   이수영
펴낸곳   (주)롱테일북스
출판등록   제2015-000191호
주소   04043 서울특별시 마포구 양화로 12길 16-9(서교동) 북앤빌딩 3층
전자메일   helper@longtailbooks.co.kr
(학원·학교에서 본 도서를 교재로 사용하길 원하시는 경우 전자메일로 문의주시면
자세한 안내를 받으실 수 있습니다.)

ISBN 979-11-91343-10-6 14740

롱테일북스는 (주)북하우스 퍼블리셔스의 계열사입니다.